企业人力资源开发与管理研究

王会娟　刘云峰　葛　杨 ◎ 著

吉林出版集团股份有限公司
全国百佳图书出版单位

图书在版编目（CIP）数据

企业人力资源开发与管理研究 / 王会娟, 刘云峰, 葛
杨著. -- 长春 : 吉林出版集团股份有限公司, 2023.6
　　ISBN 978-7-5731-3501-8

　　Ⅰ.①企… Ⅱ.①王… ②刘… ③葛… Ⅲ.①企业
管理—人力资源开发②企业管理—人力资源管理 Ⅳ.
①F272.92

　　中国国家版本馆CIP数据核字(2023)第141242号

QIYE RENLI ZIYUAN KAIFA YU GUANLI YANJIU
企业人力资源开发与管理研究

著　　者/　王会娟　刘云峰　葛杨

出 版 人/　吴　强
责任编辑/　金方建
装帧设计/　博健文化
开　　本/　787 mm × 1092 mm　1/16
印　　张/　10.75
字　　数/　200千字
版　　次/　2023年6月第1版
印　　次/　2023年11月第1次印刷

出　　版/　吉林出版集团股份有限公司
发　　行/　吉林音像出版社有限责任公司
　　　　　（吉林省长春市南关区福祉大路5788号）

电　　话/　0431-81629679
印　　刷/　吉林省信诚印刷有限公司

ISBN 978-7-5731-3501-8　　定价　58.00元

如发现印装质量问题，影响阅读，请与出版社联系调换。

>>> 前　　言

　　一直以来，企业之间的竞争范围不断扩大，竞争的强度不断加剧。在竞争的过程中，人力资源丰富的企业将在竞争中占据优势。因为经济的竞争归根结底是人才的竞争，是人力资源综合素质的竞争。对于企业来说，所有的"人"，从物质形态上看，是一种资源；从价值形态上看，则是一种资本。人力资源或人力资本是最重要的生产要素。正因为如此，企业经营者如何有效配置人力资源、营造人才成长的环境、管理人力资本，都是非常重要的工作。

　　基于此，笔者撰写《企业人力资源开发与管理研究》一书。本书内容涉及：人力资源战略与规划、工作分析与设计评价、人员招聘与选拔、培训与开发、绩效管理、薪酬与福利管理、劳动关系管理、职业生涯管理、人员激励与知识管理、企业文化与人力资源管理、创业企业的人力资源开发和管理。基本覆盖了企业人力资源开发与管理工作的主要内容和各个环节。

　　本书力求把企业实践经验进行提炼和升华，以便于所述内容可以覆盖更广阔的范围，理论性和实践性相结合。

　　本书的撰写得到了许多专家学者的帮助和指导，在此表示诚挚的谢意。由于笔者水平有限，加之时间仓促，书中所涉及的内容难免有疏漏与不够严谨之处，希望各位读者多提宝贵意见，以待进一步修改，使之更加完善。

目 录

第一章　企业人员管理的基础工作

第一节　人力资源管理概述

一、人力资源的基础知识

"资源是指人类开展社会活动主要是生产活动所需要的投入要素。"[①] 从经济学角度看，资源是指形成财富、产生价值的来源。人类财富的来源主要有两类：一类是自然资源，如土地、森林、矿藏、河流等；另一类是人力资源，来自人的知识、体能、智力等。最初自然资源被看作财富形成的主要来源，随着科技进步，人力资源的贡献越来越大，并逐渐占据了主导地位。

（一）人力资源的定义

人力资源（Human Resource，简称 HR）的定义分广义和狭义两方面。广义的人力资源指体力和智力正常的人。狭义的人力资源指在一定的时间和空间范围内所有具有劳动能力人口的总和，是蕴含在人体内的一种生产能力，以劳动者的数量和质量为表现的资源。它有以下内涵：它是某一国家或地区具有智力和体力劳动能力的人口的总和，包括数量指标和质量指标；它是创造物质文化财富、为社会提供劳动和服务的劳动者；它是蕴藏在人体内的一种生产能力，开发之后成为现实的劳动生产力。

一个组织的人力资源是指该组织的全体员工，表现为员工的体力、智力、技能、经验等。

（二）人力资源的基本性质

人力资源作为一种特殊的资源形式，具有不同于自然资源的特殊性。

[①]　魏迎霞，李华. 人力资源管理［M］. 开封：河南大学出版社，2017：2.

1. 能动性

自然人作为人力资源的载体，和自然资源一样是价值创造的客体，但同时他还是价值创造的主体。人力资源的开发与利用，是通过拥有者自身的活动来完成的，它具有主体发挥性。它的形成与利用，是通过载体自身来完成的，在生产和价值创造过程中是最积极、最活跃的因素，可以创造出超过自身价值数倍的经济效益。在劳动作为谋生主要手段的时代，需求产生利益，利益引发动机，动机支配行为，行为导向利益追求的目标。所以，人在社会化过程中对自我完善、自主择业、寻求劳动、实现自我价值等方面表现出积极的主观能动性。

2. 时效性

人力资源不仅具有能动性，而且还有时效性。作为个体，人的生命是有限的，人力资源的有效价值一般在法定劳动年龄期间内。人力资源是以自然人为载体，表现为劳动者的脑力劳动和体力劳动的有机整合。因此，它与人的法定劳动年龄和余命（生命周期）是紧密相连的。人的生命周期一般可以分为发育成长期、成年期、老年期三个大的阶段，最佳期为 30~50 岁。在这段时间内，如果人力资源得不到及时与适当的开发和利用，个体所拥有的人力资源就会随着时间的流逝而降低，甚至丧失作用。因为人进入成年期以后，体力和脑力的发展都达到了可以从事劳动的程度，可以对财富的创造作出贡献，因而也就形成了现实的人力资源。人进入老年期以后，其体力和脑力不断衰退，越来越不适合进行高强度的体力和脑力劳动，也就不能再称为人力资源了。人的生命周期决定了人力资源的时效性。人力资源的时效性，表明作为个体的人力资源的使用价值是有限的，是无法复制、失而不能复得的。

3. 再生性

脑力劳动和体力劳动是人力资源所特有的属性，在劳动过程中脑力和体力的消耗，不但不会在开发与利用中消耗掉，而且还能在利用中再生，在利用中增值。人力资源的消耗可以通过个体或总体的不断替换、更新与恢复得到及时的补充与再生，并在使用过程中不断地得到增强，是一种可充分开发的具有再生性的资源。

4. 社会性

人是生活在社会中的，每个人都是社会的一分子。人力资源最为本质的属性就是它的社会性，人生活在社会当中，其生存和发展变化，既受人类生产和生存条件的限制，也受社会经济条件和特定的生产方式的制约，并与一定的社会环境相联系。人向社会提供的体力劳动和脑力劳动必定受到时代和社会因素的影响，从而具有社会属性。社会制度、政治制度、经济和文化的环境不同，必将导致人力资源质量的不同。例如，奴隶社会、封建社会、资本主义社会初期的人力资源质量就远远低于现代社会，发达国家整体的人力资源质量明显高于发展中国家。

5. 可变性或可控性

人作为脑力劳动和体力劳动的载体，在劳动过程中会因为自身心理状态或外界环境与其他因素，而影响人力资源在使用过程中作用的发挥，具有一定的可变性。例如，当人受到表扬或有效的激励时就会表现出工作主动、积极性高的特点，能主动发挥自身的能力，其价值就能得到充分发挥；反之，当人受到挫折，受到不利环境影响时，就不愿意工作，其工作积极性就不会发挥应有的作用。所以，人力资源作用的发挥具有一定的可变性、可塑性。在相同的外部条件下，人力资源创造的价值大小也有所不同。

人力资源的可变性还表现为人力资源生成的可控性，人作为社会发展的推动者，作为社会财富、物质财富的创造者，经过教育、学习、培训、开发，人的智能就会在一定的范围内得到激发并释放出来，因为每个人的潜质是有区别的，所以，在相同的外部条件下，它的表现也存在可变性。

6. 可开发性

人力资源与自然资源都具有可开发性。但人力资源开发的途径和方式、方法、手段不同于自然资源的开发。教育和培训是人力资源开发的主要手段，也是人力资源的重要职能。在开发过程中，人力资源开发具有投入少、产出大的特点。人力资源的使用过程也是不断开发的过程，因此人力资源具有终身开发的持续性。由于人力资源具有再生性，所以它具有重复、无限次开发的潜能与价值。

7. 独立性

自然资源的存在形式，一般都是成块成群地联结在一起，散在的形式较少。而人力资源则不同，它是以个体为单位，独立存在于每个活着的个体身上，而且有着各自不同的生理状况、思想与价值观念。这种存在的个体独立性与散在性，使人力资源的管理工作显得相当复杂与艰难，管理得好则能够形成系统优势；反之则会出现浪费，甚至内耗。

8. 稀缺性

人力资源的能力是有差别的，根据不同的层次，可以分为两类：初级能力（健康、人的体力、经验、生产知识和技能）和高级能力（人的天赋、才能和不断被挖掘出来的潜能的集中体现——智慧)。在物质经济时代,物质资源是相对短缺的,人力资源仅仅具备简单的初级能力,作用不明显,因而人力资源显得相对过剩。而在知识经济时代,面对竞争环境,组织传统上具备的任何有形竞争优势,例如资金优势、规模经济,都只能是一时的、短缺的,只有拥有知识、技能、信息的具备高级能力的人力资源才是现代组织获得竞争优势并可持续发展的重要保证。人力资源的稀缺性,从性质上又可分为两种:一种是人力资源的显性稀缺,即一定时期内劳动力市场上某一特定人才的供给数量绝对不足,这种状况往往导致组织间为猎取稀缺人才互挖"墙脚",竞相争夺;另一种是人力资源的隐性稀缺,即由于人力资源某种特性行为表现往往呈非均质分布状态,其稀缺价值又难以用市场化标准来判断,且在很大程度上依赖于组织后天的培训与开发,由此导致不同组织在开发与管理人力资源方面的相对差异,并造成了人力资源的稀缺性

(三) 人力资源的作用表现

1. 人力资源是财富形成的关键要素

人力资源是能够推动和促进各种资源实现配置的特殊资源。因此,人力资源成为最重要和最宝贵的资源。它不仅与自然资源一起构成了财富的源泉,而且在财富的形成过程中发挥着关键作用。

人力资源在改造自然并把自然资源转化为社会财富的过程中起到了关键性的作用,人力资源的价值同时转移和体现在社会财富上。没有人力资源的作用,人类所需要的社会财富就无法形成。同时,人力资源的使用量与创造财富的成果成正比,在其他要素可以同比例获得并投入的情况下,人力资源的使用量越大,创造的财富就越多;反之,创造的财富就越少。正因为如此,所以说人力资源是财富形成的关键要素。

2. 人力资源是经济发展的主要力量

人力资源不仅决定着财富的形成与价值的实现,更重要的它是推动经济发展的主要力量。随着科学技术的迅猛发展,社会经济持续、快速、健康增长的主要动力和源泉已不再是物质资源,而是知识、技术等人力资源。人力资源既能提高物质资本,又能提高人力资本的生产率,因为劳动者在社会化过程中,可以使劳动者自我丰富、自我提升和自我发展。劳动者的自我综合素质、综合能力、操作技能和工艺水平的提升,实现劳动者的知识快速更新,文化水平和专业理论、专业技能的不断提高,将会对人力资源的不断发展、不断更新发挥重要作用。由此,人力资源对价值创造和对社会的贡献度越来越大,社会经济发展对人力资源的依赖程度也越来越高。

3. 人力资源是企业的命脉

在现代社会中，企业（用人单位）是社会经济系统的重要组成部分，是社会经济活动中最基本的经济单位，是价值创造最主要的组织形式。在企业经营与发展的历史脉络里，在企业投入的各种资源中，所投入的人力资源是第一位，是首要的资源，是企业的命脉；人力资源的存在和充分有效利用，才能够充分激活并使用或利用其他资源，从而实现企业的目标。

当今，是知识经济时代，是全球经济一体化的时代，是高新技术的时代，是信息化的时代，是竞争的时代。人力资源是当今社会的第一资源，无论是对社会还是对企业（用人单位）而言，攫取稀缺的第一资源——人力资源，是各类组织发展的当务之急。

二、人力资源管理的内涵及目标、任务

（一）人力资源管理的内涵理解

人力资源管理（Human Resource Management，简称HRM），是指对人力资源的生产、开发、配置、使用等诸环节进行的计划、组织、指挥和控制等一系列的管理活动。人力资源管理也可理解为：组织对人力资源的获取、维护、运用及发展的全部管理过程与活动。

关于人力资源管理的内涵可从以下方面理解：

第一，人力资源管理是对社会劳动过程中人与事之间相互关系的管理，为谋求社会劳动过程中人与事、人与人、人与组织的相互适应，实现"事得其人、人尽其才、才尽其用"。

第二，人力资源管理是研究管理工作中人或事方面的任务，以充分开发人力资源潜能、调动员工的积极性、提高工作质量和效率，实现组织目标的理论、方法、工具和技术。

第三，人力资源管理是通过组织、协调、控制、监督等手段进行的，对组织员工产生直接影响的管理决策及实践活动。

第四，人力资源管理是为使员工在组织中更加有效地工作，针对员工的招聘、录用、选拔、考核、奖惩、晋升、培训、工资、福利、社会保险、劳动关系等方面开展的工作。

（二）人力资源管理的目标任务

1. 人力资源管理的目标分析

企业要在市场上获得竞争优势，很大程度上取决于其充分利用人力资源的能力。"人

力资源管理既要关注企业目标的实现，又要关注员工的全面发展，两者缺一不可。"① 因此，人力资源管理的目标有以下几个方面：

第一，实现企业的目标。企业管理的目的是实现企业既定的目标。人力资源管理是企业管理的一部分，它从属于企业管理，因此，人力资源管理的目标也要以实现企业目标为前提，根据企业的目标来设定其目标，并且随着企业目标的改变而变化。

第二，提高员工的满意度。员工是人，有感情，有思想。要使员工保持生产能力，组织不应该只追求绩效的提升，更应该重视员工的满意度。满意的员工不会自动地提高生产效率，但不满意的员工更倾向于辞职、旷工，并且工作质量很低。让员工有满意的工作生活质量，可以提供高品质的服务，从而为企业创造更多绩效。

第三，充分发挥员工的主观能动性。人力资源的本质特征是具有主观能动性。全面有效地发挥员工的主观能动性，是企业实现组织目标和获取竞争优势的有效手段。在企业正常运作过程中，每一位员工对工作的态度和积极性存在较大的差异，而他们的态度和积极性往往受企业环境、自我发展空间、福利状况以及人际关系等因素所影响。因此，企业应尽力创造一个相对宽松的工作环境，使员工的主观能动性得以充分发挥，同时也为企业创造出更多的价值。

2. 人力资源管理的任务分析

人力资源管理的主要任务体现在吸引、使用、培养、维持等四个方面。

吸引：吸收合适及优秀的人员加入组织是人力资源管理活动的起点。

使用（激励）：员工在本岗位或组织内部成为绩效合格乃至优秀者。激励是人力资源管理的核心任务。如果不能激励员工不断提升绩效水平、为组织做贡献，则人力资源管理对组织的价值就无法体现。

培养（开发）：员工拥有能够满足当前和未来工作及组织需要的知识和技能。开发既是人力资源管理的策略，更是达成员工与组织共同发展之目的。

维持：组织内部现有员工能继续留在组织中。维持是保证组织拥有一支相对稳定员工队伍的需要，也是组织向员工承诺的一份"长期合作、共同发展"的心理契约。

在企业管理实践中，人力资源管理的四个任务通常被概括为"引、用、育、留"四个字。

---

① 贺小刚，刘丽君. 人力资源管理［M］. 上海：上海财经大学出版社，2015：12.

三、人力资源管理的地位与作用

（一）人力资源管理的地位

人力资源管理的地位，是指它在整个企业（用人单位）管理中的位置。对于人力资源管理在企业中的地位，应当从两个方面来认识。一方面，人力资源管理是企业管理的组成部分，而且是十分重要的组成部分；另一方面，就企业人力资源管理而言，它不能代表企业管理，人力资源管理并不能解决企业管理的全部问题。

就重要地位而言，企业生产经营、生存与发展都必须依靠人力资源来实现，没有人力资源的投入，企业就无法正常地运转。另外，由于人力资源的可变性，它还会影响到企业生产经营与发展过程中各项工作的实效，企业的实际业绩如何，能否实现良性运转，要靠人力资源管理为企业的发展保驾护航，因此它在整个企业管理中居于重要的地位。

虽然人力资源管理水平高低对企业的生产经营与发展起着至关重要的作用，甚至可以左右企业发展的速度，但是企业管理中还有很多问题是人力资源管理职能不能解决的，如企业的发展战略问题、企业的营销策略问题、产品技术的研发、企业转产、重大技术革新或者经营方式调整等，因此，人力资源管理不能代表企业管理。

（二）人力资源管理的作用

第一，人力资源管理是企业制胜的法宝。人力资源管理职能可以帮助企业实现其主要的战略目标：降低创造价值所需的成本并通过更好地满足顾客的需要来增加价值。从战略的角度上讲，人力资源是企业的一种长期财富，其价值在于创造企业与众不同的竞争优势。

第二，人力资源管理是赢得企业核心竞争力的源泉。在竞争日益激烈的市场经济环境下，降低产品成本、提高产品质量、占领市场是任何企业所追求的基本目标，但企业竞争优势不仅在于低成本、高质量的产品，更重要的在于是否具有能够开发企业的特殊技能或领先技术的核心能力。要具有这种能力，企业就必须依赖善于学习和有创新能力的员工。因此，企业核心竞争力和竞争优势的根基在于企业人力资源管理过程中的人力开发。离开了企业人力资源的开发，企业核心竞争力便会成为无本之木、无源之水；企业竞争优势就难以为继。对人力资源的开发，在很大程度上已经成为企业成功与否的关键。但是，并不能说人力资源的所有特性都可以成为竞争优势的源泉。只有被市场认可时，人力资源才可以由潜在优势转化为现实的竞争优势。有效的人力资源管理正是与企业核心竞争力的培育密切结合而进行的，为企业核心竞争力的形成与增强奠定坚实的人力资源基础。

第三，人力资源管理是企业形成凝聚力和创建品牌优势的关键。当一个企业从初创到壮大、稳步、健康、持续发展，毫无疑问在内部组织结构、人际关系、员工关系之间肯定实现了协调、合作、顺畅、兴旺发达的和谐状态。一个成功企业的发展历程，离不开硬件和软件的建设，如每个企业都十分重视招聘、培训、报酬、奖惩、晋升等，因为它们是企业正常运转的必要条件。而人力资源管理的软件功能，例如协调、倾听与沟通，对抱怨和不满的管理，调解矛盾、化解冲突等，作为企业领导者也不能忽视。因为人力资源管理是企业正常运转的润滑剂，良好的职能运作能使企业获得最宝贵的内聚力和向心力，这种软件功能的结果能够促使生产力的提高和企业利润的提高。在公司树立、创建品牌意识，更多地可以通过人力资源管理，提高员工的素质，树立员工的形象，使之关心社会、遵守社会道德，以更大的热情投入工作。

一个充满和谐、有凝聚力和竞争力的组织必能为每个员工创造最好的工作环境和给员工最好的回报，而心情舒畅的员工也必能为组织创造更多的利润和更多的财富。

第二节　人力资源管理的角色与职责

一、人力资源管理在现代企业中的角色定位

（一）管理者及其类型划分

随着管理作用的日益发挥，作为管理活动主体的管理者在企业中的地位也越来越重要。企业运转是按照其内部组织结构的分工与流程，如同行星齿轮与盘形齿轮相互咬合一样，运行是有规律的，它不是一个人的活动，是遵循科层制的原则来划分的。

1. 按照科层制的体系划分

将管理者按照科层制的体系可以划分为高层管理者、中层管理者和基层管理者三类。

（1）高层管理者。高层管理人员是指对整个组织的管理负有全面责任的人，他们的主要职责是制定组织的总目标、总战略，掌握组织的大政方针，并评价整个组织的绩效。毋庸置疑，是指处在企业最高层次的领导者。

（2）中层管理者。是指处于高层管理人员和基层管理人员之间的一个或若干个中间层次的管理人员，是高层管理者和基层管理者之间的桥梁与纽带。他们的主要职责是，一方面贯彻执行高层管理人员所制定的重大决策，监督和协调基层管理人员的工作；另一方面要向高层管理者及时反映部门工作中存在的问题，以及合理化工作建议，为领导提供决策支持。在工作中既是组织员，又是战斗员，既是部门的领导者，又是上级决策的执行者，对上是下级，对下是上级，其角色是"兵头将尾"。

（3）基层管理者。基层管理人员是对企业的生产、销售等经营活动第一线执行管理职能的直接管理层，包括在生产和服务一线中起监督、指导作用的监工、车间主任、班组长、领班、工头等。

对于所有管理者来说，虽然他们都要履行管理的基本职能，但是由于所处的层次与级别不同，管理职能范围和工作责任是有所区别的。

2. 按照管理业务范围划分

按照管理业务范围，可以将管理者分为综合管理者和专业管理者两类。综合管理者是指负责管理整个组织或组织中某个事业部全部活动的管理者。专业管理者是指仅仅负责管理组织中某一类业务活动（或职能）的管理者。

3. 按照管理活动与组织目标实现的关系划分

按照管理活动与组织目标实现的关系，管理者可以分为直线管理者和辅助管理者。管理活动与组织目标的实现具有直接关系的管理者就是直线管理者，否则就可以视为辅助管理者。

（二）管理者的角色内涵

"角色"一词是一个社会学的概念，指与人的某种社会地位相一致的权利、义务规范和行为模式，它是人们对具有特定身份的人的行为期望。角色是社会群体和社会组织的基础，在人们的交往中可以预见的互动行为模式以及说明个人与社会的关系，对于人们的行为具有重要的导向性作用。

为了正确履行管理的职责，有效发挥管理的作用，管理者有必要对自己在不同的场合、不同的职能部门扮演的角色有所了解。因为在社会中，角色不是孤立存在的，而是与其他角色联系在一起，是一组相互联系、相互依存、相互补充的角色，任何人身上都是一个角色集，都不可能仅仅承担一种角色，而总是承担着多个角色。

对于企业的管理者来说，最重要的角色是资源分配者，也就是说，要对组织的资源进行合理的配置，此外，他们更多的是要处理各种信息，保证企业的正常运转。

（三）人力资源管理者的素质要求

当一个人具备了充当某种角色的条件，去担任这一角色，并按照这一角色所要求的行为规范去活动时，这就是社会角色的扮演。人力资源管理者为了扮演好自己的角色，实现管理的目的，管理者必须具备充当这一角色所具有的素质与能力。

对人力资源管理人员的素质要求归纳如下：

一是专业知识。指人力资源管理人员要掌握与人力资源管理所承担的各类职能活动有关的知识，具备设计和制定各种人力资源制度、方案及政策的能力。

二是业务知识。指人力资源管理人员要熟练掌握国家人力资源社会保障法律法规和行政规章；还应了解本企业所从事的行业、业务种类，熟悉本企业所开展的业务范围、工作性质以及工作流程。

三是执行能力。指对个人而言，就是把想做的事情做成功的能力。对一个企业而言，是指贯彻落实战略决策、方针政策和工作部署的操作能力和实践能力，即执行命令、完成任务、达到目标的能力，也就是通过一套有效的系统、体系、组织、文化或技术操作方法等把决策转化为成果的能力，把长期发展目标一步步落到实处的能力。执行力度决定目标实现的速度和效果。执行力是主观见之于客观，达到知与行、认识与实践的有机统一，是实现政策目标的关键性因素。

四是思想品质。指人力资源管理人员要具备一定的思想道德品质。人力资源管理所做的决策大都涉及员工的升降和去留、劳动报酬、福利待遇等与员工切身利益相关的事项。因此，人力资源管理人员必须具有良好的道德品质，思考问题能以人为本，能以公正的态度来进行工作，以豁达的胸怀，客观地对待同事，不能将个人好恶与工作混为一谈，做到私交归私交，工作归工作，私交再好，也不能假公济私，以私代公。公私要分明，做到宽以待人，躬自厚而薄责于人。

二、人力资源管理部门结构及职责

（一）人力资源管理部门的组织结构

组织结构是指人力资源部门在整个企业组织架构中的位置以及自身的组织形态，人力资源管理部门的组织结构在一定程度上反映了人力资源部门的地位，体现了人力资源管理的工作方式，也决定了对人力资源管理人员的需求。

人力资源管理部门传统的组织结构往往是按照直线职能制来设置的，也就是说按照人力资源管理的职能设置相应的部门和岗位。

根据企业经营规模和工作量的大小，人力资源管理职能也不尽相同，对于大中型和特大型的企业来说，人力资源管理部门往往是单独设立的，如在人力资源部门内部分设人事处、劳资处、职工培训处等。但也不排除人力资源管理部门的部门内部不设科层，在企业领导人的直接领导下开展工作，在部门内部人员的职责上进行业务分工，如劳资主管、培训主管、考核主管等。对于小型企业来说，由于工作量不大，将人力资源管理的职能合并在其他部门中，如在总经理办公室、综合管理部门内设专门的人力资源管理人员。

近年来，随着计算机和网络技术的发展，人力资源部门的架构也发生了新的变化，出现以客户为导向、以流程为主线的新的组织结构形式，这种新型的组织结构，在一定程度上与行政机关政策研究室的职能近似。

（二）人力资源管理者的责任分析

无论企业经营规模的大小，从高层管理者到中层管理者和基层管理者，在一定程度上都要承担人力资源管理的责任。尽管人力资源管理是该部门和部门工作人员的工作职责，但他们的工作范围和内容不能完全代表一个企业人力资源管理。这是因为：

第一，企业制定的各种人力资源管理规章制度、做出的各种人力资源管理决策，符合本企业的实际，才能保证制度、政策和决策具有可行性，才有助于企业经营发展。但素材的来源和决策支持，离不开人力资源部门的调查研究和信息反馈。

第二，企业制定的各种人力资源管理规章制度，只有真正落到实处才能发挥效用，贯彻执行规章制度仅仅依靠人力资源部门是不够的，还需要与其他各个部门形成合力，相关的规章制度和政策才能有效地落实。

第三，人力资源管理的实质是要提高管理水平，提高员工的素质和知识水平，提高员工的实操技能，挖掘员工潜力，激发员工的工作热情，从而推动企业的健康发展。因此，人力资源管理工作要贯穿于对员工的日常管理之中，而员工是分散在各个部门之中的，所以各个部门的管理者在一定程度上充当着人力资源管理者的角色。

三、人力资源管理者与人力资源管理部门

人力资源管理者及人力资源管理部门在整个人力资源管理活动中占有非常重要的地

位，他们不仅是人力资源管理职能和活动实现的载体，作为主体，直接决定了人力资源管理作用的发挥，在某种程度上影响甚至左右人力资源管理在整个企业中的地位。

（一）人力资源管理者与人力资源管理部门的产生

就人力资源管理部门和管理人员而言，按照人力资源管理概念的外延可以追溯到资本主义社会的萌芽时期。专门的人力资源管理人员和部门的出现却相对较晚，是随着资本主义工业化的发展和一系列法律法规的颁布，企业劳资关系的协调以及与岗位管理、劳动就业相关的问题越来越多，特别是泰勒的科学管理思想出现后，进行职位分析并按照相应的标准遴选和培训工人的工作也越来越多，因此就出现了人事专职人员。例如，雇用专人负责工人的招聘和遴选录用，专人负责工资薪酬，以工作任务和时间研究为基础，设定工资基数，雇用社会秘书（福利秘书）制定福利方案，养老金专员处理养老和保险计划，等等。

随着社会大生产和工业化的发展，对人事专职人员的要求也越来越高，企业需要具有较高素质和专门知识与技能的人事专家来从事招聘、录用、培训和工作设计等方面的工作。如劳工专家负责处理员工纠纷、协调劳资关系；培训专家负责培训员工的技能，特别是销售技能和操作工人的操作技能；劳动安全专家负责监督工作条件、处理劳动安全事故等。

人事专职人员和人事专家的增加，使组织不得不设立专门的部门来进行管理并赋予这个部门相应的职能，但在早期更多的是以其他名称出现。例如，1818年国际收割机公司成立了工业关系部；同年，福特汽车公司成立了社会部，综合处理员工关系、医疗、福利、安全和法律等方面的问题；库本海默公司成立了工业关系部，并设立了分支部门，负责处理员工健康、雇用、员工申诉、培训以及工资与报酬等方面的事务。

应当说，专门的人力资源管理人员和部门的出现，是人力资源管理发展过程中重要的里程碑，它使人力资源管理工作更加趋于专业化，职能的发挥也得到了加强。

（二）人力资源管理者与人力资源管理部门的角色

人力资源管理者在组织中也要扮演一定的角色，将所有人力资源管理者承担的角色汇总起来就形成了人力资源管理部门的角色。

通常，人力资源管理者和部门应扮演的角色可以划分为五种：战略伙伴、管理专家、员工激励者、人力资本开发者、变革推动者。

战略伙伴，又称战略合作伙伴，是指能够通过合资合作或其他方式，给企业带来资金、先进技术、管理经验，提升企业技术进步的核心竞争力和拓展国内外市场的能力，推动企业技术进步和产业升级的国内外先进企业。人力资源管理者和人力资源管理部门要参与企业战略的制定，并且要确保企业所制定的人力资源战略得以有效地实施，这就要求人力资源管理者和该部门的工作必须以企业战略为导向。

管理专家，是指人力资源管理者和人力资源管理部门既是各类人力资源管理制度和政策的设计者，又是执行者，承担着相应的管理职能，如人力资源规划、招聘录用、培训、绩效管理等。

员工激励者，是指人力资源管理者和人力资源管理部门要构筑起员工与企业之间的心灵桥梁，发挥传输与纽带作用，做到感情相融、心意相通，通过各种有效手段鼓舞员工士气，激发员工的工作积极性，实现劳动者与企业的双赢。

人力资本开发者，是指组织通过培训和开发项目提高员工能力水平和组织业绩的一种有计划、连续性的工作。

变革推动者，是指人力资源管理者和部门积极推行有利于企业发展的各项改革措施，企业的发展需要适应内外部环境的变化并不断进行改革，改革的内容涉及企业全体人员，因此人力资源管理者和人力资源管理部门要成为深化改革的助推器。

在现代企业管理中，人力资源管理者和人力资源管理部门除上述职能外，还承担着员工队伍建设，充当人力资本开发者的角色。另外，人力资源管理者和人力资源管理部门在一定程度上被视为承担领导者角色和领导部门的角色，这种角色处于所有角色的中间，与各种角色都有着密切联系。

第三节　人力资源战略与规划

随着我国综合国力的日益增强，经济发展取得了良好的成绩。基于此环境，企业获得了更多的发展机会。"企业为了谋求长远的生存与发展，占据有利的竞争地位，应该制定未来发展战略，积极开展人力资源规划管理工作。"① 当人力资源管理能力较强时，必然会加快其发展的速度。

---

① 代二利. 基于企业战略的人力资源规划探析 [J]. 活力, 2022 (07)：148-150.

一、人力资源战略的基本认识

人力资源战略确定一个企业将如何进行人员管理以实现企业目标。人力资源战略是一种方向性的行动计划，是使人力资源管理与企业经营战略保持一致的手段，通过人力资源战略，管理人员与人力资源职能人员一起确定和解决企业中所有与人相关的问题。人力资源战略能够帮助企业确定组织竞争成功的关键问题，帮助管理人员确定如何实施人力资源管理以及各项人力工作实施的先后顺序。同时，人力资源战略是一种有效的黏合剂，能把企业所有的人力资源活动连在一起并使管理人员能够了解它们的意义。

人力资源战略主要有以下作用：

第一，人力资源战略是企业战略的核心。目前的企业竞争中，人才是企业的核心资源，人力资源战略处于企业战略的核心地位。企业的发展取决于企业战略决策的制定，企业的战略决策基于企业的发展目标和行动方案的制定，而最终起决定作用的还是企业对高素质人才的拥有量。有效地利用与企业发展战略相适应的管理和专业技术人才，最大限度地发掘他们的才能，可以推动企业战略的实施，促进企业的飞跃发展。

第二，人力资源战略可提高企业的绩效。员工的工作绩效是企业效益的基本保障，企业绩效的实现是通过向顾客有效地提供企业的产品和服务体现出来的。而人力资源战略的重要目标之一就是实施对提高企业绩效有益的活动，并通过这些活动来发挥其对企业成功所做出的贡献。过去，人力资源管理是以活动为宗旨，主要考虑做什么，而不考虑成本和人力的需求；现在，经济发展正在从资源型经济向知识型经济过渡，企业人力资源管理也就必须实行战略性的转变。人力资源管理者必须把他们活动所产生的结果作为企业的成果，特别是作为人力资源投资的回报，使企业获得更多的利润。从企业战略上讲，人力资源管理作为一个战略杠杆能有效地影响公司的经营绩效。人力资源战略与企业经营战略结合，能有效推进企业的调整和优化，促进企业战略的成功实施。

第三，人力资源战略有利于企业扩展人力资本，形成持续的竞争优势。随着企业间竞争的日益白热化和经济全球化的不断深入，很难有哪个企业可以拥有长久不变的竞争优势，往往是企业创造出某种竞争优势后，经过不长的时间被竞争对手所模仿，从而失去优势。然而，优秀的人力资源所形成的竞争优势却很难被其他企业所模仿。所以，正确的人力资源战略对企业保持持续的竞争优势具有重要意义。人力资源战略的目标就是不断增强企业的人力资本总和。扩展人力资本，利用企业内部所有员工的才能吸引外部的优秀人才，是企业战略的一部分。人力资源工作就是要保证各个工作岗位所需人员的供给，保证这些人员具有其岗位所需的技能，即通过培训和开发来缩短及消除企业各职位所要求的技能和员工所具有的能力之间的差距。当然，还可以通过设计与企业的战略目标相一致的薪酬系统、福利计划，提供更多的培训，为员工设计职业生涯计划等来增强企业人力资本的竞争力，达到扩展人力资本、形成持续的竞争优势的目的。

第四，人力资源战略对企业管理工作具有指导作用。人力资源战略可以帮助企业根据市场环境变化与人力资源管理自身的发展，建立适合本企业特点的人力资源管理方法。如根据市场变化确定人力资源的长远供需计划；根据员工期望，建立与企业实际相适应的激励制度；用更科学、先进、合理的方法降低人力成本；根据科学技术的发展趋势，有针对性地对员工进行培训与开发，提高员工的适应能力，以适应未来科学技术发展的要求，等等。一个适合企业自身发展的人力资源战略可以提升企业人力资源管理水平，提高人力资源质量；可以指导企业的人才建设和人力资源配置，从而使人才效益最大化，将人力资源由社会性资源转变成企业性资源，最终转化为企业的现实劳动力。

二、人力资源规划的含义及作用

人力资源管理的计划是通过人力资源规划这一职能实现的，因此人力资源规划是人力资源管理的基础。人力资源规划是人力资源管理的起点，是公司战略与整体人力资源管理职能之间联系的桥梁。随着市场竞争的加剧和企业的不断发展壮大，企业能否做好人力资源规划并进行有效实施，将成为企业能否保持人才竞争优势、实现企业战略目标和稳健发展的关键所在。

（一）人力资源规划的含义

人力资源规划一般关注以下问题：当前的经营战略对人力资源方面有什么启示？大量的员工退休对公司发展有什么影响？应届毕业生数量增加或减少对企业的影响如何？这对于员工招聘、培训开发、薪酬以及管理层继任方面有什么启示？如何使短期计划能为长期的人力资源战略服务？人力资源规划必须与组织的人力资源战略相一致，而人力资源战略又必须与整体经营战略相一致。那么到底什么是人力资源规划呢？

人力资源规划是指为了实施企业的发展战略和完成企业的生产经营目标，根据企业内外环境和条件的变化，运用科学的方法对企业人力资源需求和供给进行预测，制定相应的政策和措施，从而使企业人力资源供给和需求达到平衡的过程。简单地说，人力资源规划是指对人力资源供需进行预测，并通过各种方法使之平衡的过程。这个定义包括以下几层含义：

第一，人力资源规划是以组织的发展战略目标为依据的，只要组织的战略目标发生变化，那么企业的人力资源规划也会相应地发生改变。所以，组织的发展战略目标是企业人力资源规划的基础，人力资源规划是企业实现其战略目标的重要支撑。

第二，组织外部环境中政治、法律、经济、技术、文化等一系列因素处于不断变化的过程中，因此企业的人力资源状况也在不断地改变，这需要对组织的发展战略进行调整。战略目标的变化又会引起组织内外人力资源供需的变化，人力资源规划就是要对企业的人力资源状况进行分析预测，确保组织在短期、中期和长期对人力资源的需求。

第三，人力资源规划是要将组织的人力资源战略转化为可实施的人力资源措施和政策的过程，从而实现组织对于人力资源的需求。人力资源政策和措施要正确、明晰，如对内部人员调动补缺、晋升或降职、外部招聘、开发培训以及相应的人力资源投资等要有切实可行的措施来保证，这样才能在实施的过程中有据可依，保证人力资源规划的实现。

第四，人力资源规划是要使组织和个人得到长期的利益。也就是说，企业的人力资源规划要为组织及员工创造良好的条件，充分发挥组织中每一个员工的主观能动性，调动其工作的积极性，不但使每一个员工不断提高自身的能力、素质及工作效率，还能从组织全局的角度提高组织的效率，尽快地实现组织的目标。

第五，人力资源规划要注意实现员工的目标。人力资源规划以实现组织的长远利益为主，但也需要关注组织中每一个人在物质、精神和业务发展等方面的需求，并在实现组织目标的过程中实现员工的目标。

通过人力资源规划，我们要能够回答或解决以下三个问题：

第一，在某个特定的时期内，企业对人力资源的需求是什么，即企业需要多少人员，这些人员需要具备什么能力，以及他们的结构组成是什么样的。

第二，企业在一个特定的时间范围内有多少人力资源供给，供给的人力资源类别、层次与企业的人力资源需求是否一致。

第三，在一段时期内，企业人力资源需求与供给比较的结果是什么，差距在哪里，以及如何实现人力资源供需的平衡和能够采用哪些方法。

上述三个问题就是人力资源规划的三个基本要素，涵盖了人力资源规划的主要内容。企业只要能够明确回答这三个问题，那么该企业的人力资源规划的主要内容也就基本完成了。

（二）人力资源规划的作用

人力资源是企业中重要的一种资源，是企业管理过程中最活跃、最具决定性的要素。人力资源规划优先于企业的其他各种人力资源活动，因此人力资源规划具有先导性和全局性，同时它还能不断地调整人力资源政策和措施，指导人力资源活动有效进行。具体来说，人力资源规划的作用主要体现在以下几个方面：

第一，有利于组织制定战略目标和发展规划。人力资源规划是组织发展战略的重要组成部分，它以组织的发展目标为依据，将组织目标转化为企业对人力资源的需求，从量化和整体的角度制定人力资源管理的具体目标。同时企业的经营战略也包含了企业的人力资源规划，是企业经营战略中不可缺少的一部分，因此人力资源规划的制定也是企业制定战略规划和发展规划的重要保证。

第二，确保组织生存发展过程中对人力资源的需求。各项信息科学技术的快速发展使得企业所面临的环境瞬息万变，企业在发展的过程中需要不断调整自身的生产规模和经营领域，同时带动企业人力资源发生改变。企业如果不对未来发展过程中的人力资源需求进行预测，并提前做好准备，就难以满足未来企业的人力资源需求。因此企业必须制定人力资源规划，通过对内外部环境以及企业现有人力资源状况的分析，预测未来的人力资源供求，并提出相应的政策与措施，及时调整人力资源结构，保证企业在变化的环境中得到持续发展。

第三，有利于协调人力资源的具体计划。人力资源规划是企业制定各种具体人力资源决策的基础，它由总体规划和各种业务计划构成，为管理活动（如确定人员的需求量、供给量、调整职务和任务、培训等）提供准确可靠的信息和依据，进而保证管理活动的有序化，同时通过人力资源规划使得人员招聘计划、培训开发计划、薪酬计划和激励计划等人力资源管理的具体计划能相互协调和配套。

第四，有利于调动员工的积极性和创造性。人力资源规划展示了企业未来的发展机会，使员工能充分了解自己哪些需求可以被满足、何时能满足以及满足的程度。人力资源管理在实现组织目标的同时，也要满足员工的个人需要（包括物质需要和精神需要），在员工的职业生涯规划、福利待遇等方面作出考虑，这样才能激发员工持久的积极性，只有在人力资源规划的条件下，员工对自己可满足的东西和满足的水平才是可知的。如果员工明确了那些可以实现的目标，就会在工作中努力追求，激发自身的积极性和创造性，否则，在利益和前途未知的情况下，员工就会干劲不足，甚至会另谋高就来实现自我价值。

如果企业员工大量流失，就会影响企业竞争力，降低员工士气，从而加速员工流失，使企业的发展陷入恶性循环。

第五，有利于控制人力资源成本，提高人力资源的利用效率。企业中最大的人力资源成本就是工资，而企业的工资总额在很大程度上又取决于企业的人员分布状况。人力资源规划决定企业的人员结构、职务结构，通过人力资源规划可以检查和测算出人力资源规划方案的实施成本及其带来的效益，同时可以预测企业人员变化，逐步调整组织的人员结构，避免人力资源的浪费，使企业的人员结构尽可能合理化，把人工成本控制在合理的水平上，从而大大提高企业人力资源的利用率，这是组织持续发展不可缺少的环节。

三、人力资源规划的内容及形式

（一）人力资源规划的内容范畴

人力资源规划是运作人力资源管理系统的前提，是人力资源管理各子系统重大关系决策的依据，它主要包括人力资源数量规划、人力资源结构规划和人力资源素质规划。

1. 人力资源数量规划

人力资源数量规划是指根据企业战略和未来业务规模、业务流程、地域分布、产品线、历史经营统计数据等各因素，确定未来企业各级组织人力资源编制，包括各职类、职能人员数量以及人力成本（薪酬、福利、培训）。人力资源数量规划主要包括人力资源需求预测、人力资源增量预测和人力资源存量预测。

（1）人力资源需求预测。人力资源需求预测主要是从社会经济的发展和科学技术的进步对不同层次和不同类型的人力资源所产生的需求出发，分析社会或企业对人力资源的需求状况。由于企业所处的内外部环境不断变化，这使得企业需要根据社会环境和经济发展的变化确定企业的人力资源需求，所以，企业的人力资源需求在数量和结构上都处于不断变化的过程中。

（2）人力资源增量预测。不同层次的人力资源供给状况与社会的教育培训能力有密切的关系，所以人力资源增量预测在一定程度上是社会教育培训系统对不同层次人力资源培养能力的一种检验。人力资源增量预测能够反映出在一定时间内全社会新增人力资源的可能数量，并通过与人力资源新增需求比较，找出未来供需之间存在的可能差距，从而得出对不同层次人力资源供需协调进行动态调整的信息。通过人力资源增量预测，可揭示出教育培训系统如何根据社会经济发展需求调整专业布局和学科结构，当科技发展和产业结构发生变化，需要补充新的不同层次的人力资源时，能及时提供所需的各类人力资源。

（3）人力资源存量预测。人力资源存量预测是对未来可能拥有的不同层次的人力资源数量进行预测。不同层次的人力资源状况随着时间的推移而自然地、连续地发生着补充、减员、专业转移、行业变动以及自然流动等一系列变化。不同时期、不同层次的人力资源存量预测就是反映人力资源的这种动态演变和发展过程的。通过人力资源存量的增减演变分析，即可预测出给定目标年度可能拥有的不同层次人力资源存量，并将其与人力资源需求情况进行比较，可以得到人力资源总体供需之间的差距。

人力资源数量规划主要解决企业人力资源配置标准的问题，它为企业未来的人力资源发展提供依据和方向。但是，在具体操作时，企业人力资源现状与人力资源数量规划所提供的标准会有一定的差距，这就是企业人力资源部门下一步需要解决的问题。

2. 人力资源结构规划

人力资源结构规划在很大程度上取决于社会经济结构，社会经济结构调整必然会引发人力资源结构的变化。我们在进行人力资源规划时，不仅要对未来一段时间内不同层次人力资源的数量和质量进行预测，还需要对不同层次人力资源的结构是否合理作出预测，从而解决和回答随着社会经济发展以及产业结构的调整，人力资源要如何调整，需要培养和补充哪个层次、哪种人力资源等问题。

不同层次的人力资源结构不仅要反映社会经济各个行业和各个部门的人力资源层次分布与需求特点，还要对各个行业和各个部门的岗位用人要求、学历层次选择，以及人力资源结构的最佳群体组合等进行分析和预测，以避免出现不同层次人力资源组合的不配套或结构及比例失调等状况。

通过人力资源结构分析可以确定不同层次各种职种在企业价值创造中的贡献系数，作为企业薪酬发放和晋升等人力资源政策的依据，然后根据各职种的贡献合理配置企业的人力资源。

3. 人力资源素质规划

人力资源素质规划是依据企业战略、业务模式、业务流程和组织对员工行为要求，设计各职种、职层人员的任职资格要求，包括素质模型、行为能力及行为标准等。人力资源素质规划是企业开展招聘、培训开发、薪酬激励的基础和前提条件。

人力资源素质规划主要有两种表现形式，分别是任职资格标准和素质模型。任职资格标准主要反映企业战略及组织运行方式对各职类、职种、职层人员的任职行为能力要求；素质模型则反映各职类、职种、职层需要何种行为特征的人才能满足任职所需的行为能力要求。

人力资源素质主要指企业员工受教育的程度及所受的培训状况。一般而言，受教育程度与培训程度的高低可显示工作知识的多寡和工作能力的高低，任何企业都希望能提高工作人员的素质，以期望人员能对组织做出更大的贡献。但事实上，人员受教育程度与培训程度的高低，应以满足工作需要为前提。因此，为了达到适才适用的目的，人员素质必须与企业的工作现状相匹配。管理层在提高人员素质的同时，也应该积极提高人员的工作效率，以人员创造工作，以工作发展人员，通过人与工作的发展，促进企业的壮大。但是员工的受教育与培训程度只能代表人员能力的一部分，在一个企业及组织中，不难发现一部分人员的能力不足，不能满足岗位的要求，而另外一部分人员则能力有余，未能充分利用，造成资源的闲置，换句话说，就是员工的能力素质与工作的需求不匹配。解决这种问题的方法有以下几种：一是变更职务的工作内容。减少某一职务、职位的工作内容及责任，而转由别的职务人员来承接。二是改变及强化现职人员。运用培训或协助方式，来强化现职人员的工作能力。三是改变现职人员的职位。如果上述两种方法仍无法达到期望时，表示现职人员不能胜任此职位，因此应予以调动。

但是在实施这三种方法时企业需要考虑到该调整是否会影响到员工的士气，培训对员工能力是否会有提高，提高的程度是多少，情况是否紧急到需要立即实施，这个职位和其他职位的相关性程度，是否会影响其他职位的工作效率，等等。当企业员工整体的任职能力和素质不断提高时，员工的适岗率也将提高，表示企业员工的职业化程度在提高。当企业员工的整体素质、认知能力提高到一定程度时，企业则可适当减少工作人员数量，组织结构和业务流程也可以得到相应简化。

（二）人力资源规划内容的形式

人力资源数量规划、结构规划以及素质规划是人力资源规划的主要内容，但是在执行时需要将它们转化为具体的接替晋升计划、人员补充计划、素质提升计划、退休解聘计划等。

1. 接替晋升计划

人力资源接替晋升计划是将员工放在能使其发挥作用的工作岗位上，从而调动员工的工作积极性并以最低的成本使用人力资源，使员工能够寻找到最能发挥自己作用的工作岗位，以满足个人激励的需要。通过员工的晋升，使得员工在发挥自己才能的同时获得相应的利益的提升，同时员工所需要承担的责任和面临的挑战也会随之增加。责任和挑战的增加与员工自我实现的结合，能提高员工的工作积极性，企业能用较小的人力资源投资获得最大的回报。

企业员工晋升计划其实是组织晋升政策的一种表达方式，根据企业的人员分布状况和层次结构，拟定人员的晋升政策，对于企业来说，将有能力的员工提升到相应的职位可以满足职务对人的要求；对于员工来说，晋升计划使员工的工作挑战性增加，同时会增加员工工作的积极性以及更好地实现自我。晋升计划主要由晋升时间、晋升比率、平均年资等指标来表达，指标改变其实表示晋升机会也在改变，这会对员工的心理产生不同的影响，从而影响工作态度和积极性。因此企业在确定人力资源晋升计划时应十分谨慎，将各种影响因素都考虑到，比如员工的资历、工作成绩、员工的未来发展潜力、企业的岗位需求，等等。对于不同的岗位，各种因素的影响程度也不一样，普通岗位更多考虑的是资历因素，而关键岗位更多考虑的是员工的工作成绩以及潜力因素。

人力资源晋升计划对不同的晋升对象和晋升职位一般采用不同的晋升方式，其主要的晋升方式主要有以下几种：

第一，功绩晋升制。这种晋升方式本着公平、公正的原则，以工作成绩的大小作为晋升的标准。但是这种制度会造成有些员工在本职岗位上做出突出贡献，但是调往管理领导岗位或其他的业务部门后，由于不熟悉相应的业务工作造成关键岗位缺乏合适的人员，影响企业的正常运作和发展。

第二，越级晋升制。这种方式适用于对关键人员的提升，一般很少采用。它是对有特殊贡献或才能的员工，不受资历、学历等条件的限制，越级予以提升，这种晋升方式仍以员工的工作成绩作为主要依据。

第三，年资晋升制。这是将工作人员参加工作的时间长短和资格的深浅作为晋升的主要标准。一个员工即便能力或绩效再好，如果年资不够或之前有更资深的人，也还是无法获得晋升。采用这种方法的企业认为员工的业务能力水平、技术熟练程度、对本单位所做的贡献都与工作年限成正比。因此，工资应逐年增加，并得到相应的晋升机会。这种方法的优点是：标准明确，简单易行，可以避免由于领导者个人的好恶或亲疏而产生的晋升不当现象，给工作人员以安全保障感。所以，现在仍有些企业在采用这种方式。但是它也有缺点：①年资与工作成绩及能力并不一定成正比，资历只表明人的经历的一般自然情况，它只是一个时间指数的笼统概念。正常的情况是经历越长的，人生的经验越丰富。但归根结底，资历本身不是才能与贡献的象征，当然，它也就不能成为衡量才能大小、智慧高低的唯一标尺。因此，根据年资选拔的晋升者，不论从工作成绩上看，还是从能力上看，都未必是最佳人选，这种方式不利于人才的选拔；②年资晋升既不利于吸收外单位的人才，也无助于留住本单位的人才，还会造成不求无功、但求无过、坐熬年头的消极心理。

第四，考试晋升制。这种晋升制度的主要依据是企业组织的各种考试成绩，员工有同等的晋升机会，因此该制度的优点是公平考试、择优录取，能为一个员工提供晋升机会。缺点是理论和实践脱离，考试成绩好的员工未必能在工作中发挥出色，而工作表现优秀的员工很可能在考试中发挥不出来。因此这种方法适用于低层次的人力资源的晋升。

2. 人员补充计划

人员补充计划是在诸如组织规模扩大及原有人员的退休、离职等原因的影响下，使组织中出现新的或空缺的职位，这就需要组织制定必要的政策和措施，以保证在出现空缺时能及时地获得所需数量和质量的人员。人员补充计划和其他计划配合使用则可以改善企业人力资源结构不合理的情况，其实晋升计划也是一种补充计划，只不过它是一种企业部门员工由低层向高层的补充活动，使职位空缺向低层转移，最后累积到低层次的人员需求上。

企业的人力资源补充主要有三种类型，即内部选拔、个别补充和公开招聘。由于各种方法的特点不同，因此适用于不同的情况，在实施过程中应结合需补充的人力资源类型、技能等级、人数、补充时间等因素。

内部选拔是人力资源补充的一种特殊形式，适用于企业人力资源需要补充的数量不多的情况。这种方法的优点是费用较低、手续简便、对被选拔者情况熟悉，容易完成人员的选拔补充。主要有内部提升和内部调动两种方式，内部提升即前面所提到的晋升，内部调动则是从企业内部同层次的员工中选择合适的人员补充到该岗位上，但是这种方法很可能会影响员工工作的积极性，所以在调动前须取得被调动者的同意，这样才有利于其之后工作的开展。

个别补充适用于企业所需人力资源数量较少的情况下，并且大多处于关键岗位，缺一不可，可通过职业介绍所或猎头公司介绍，这种方法针对性强，聘用人员可以立刻上岗并发挥作用，但是成本较高，并且不利于调动企业内部员工的积极性。

公开招聘的方式是向企业内外部的人员公开宣布人员招聘计划，为所有人员提供一个公平竞争的机会，择优录取合格的人员担任企业内部职务。

3. 素质提升计划

素质提升计划的目的是通过培训开发提高员工的素质和能力，使员工更好地适应正从事的工作，同时也为企业未来发展所需的职位事先准备人员。企业人力资源培训计划、晋升计划、补充计划、调配规划与员工的职业生涯发展规划密切相关，不是为了培训而培训，造成培训的目的性和针对性不强，同时使员工缺乏培训的积极性，使企业投入培训成本后没有相应的培训回报。因此企业的培训计划应与其他计划相结合，使员工能够感受到培训对个人发展所带来的好处，从而提高员工培训的积极性，也能使企业的投资带来更好的投资回报。

4. 退休解聘计划

企业每年都会有一些人因为达到退休年龄或合同期满、企业不再续聘等原因而离开企业。在经济不景气、人员过剩时，有的企业还可能采取提前退休、买断工龄甚至解聘等特殊手段裁撤冗员，因此企业需要根据经营情况和人员状况提前做好计划。退休解聘计划是达到退休标准人员和不合格人员有计划离开组织，从而使组织的人员结构更优、更合理的规划，可分为退休计划和解聘计划。

退休计划是最易预测和执行的计划，大多数企业都按照规章制度操作即可，很少给予足够重视。不同行业、不同工种的退休年龄也不同，企业在制订退休计划时应在符合相应规定的前提下，对已经过了退休年龄但仍愿意继续工作的员工采用特殊的政策或其他方式让他们继续为企业做贡献。

解聘计划与退休计划一样，都是关心人员如何向外部流动，但是解聘计划需要更加谨慎，在没有一个合理理由的情况，将任何一个员工列入解聘计划都会招来非议。因此企业在决定解聘的员工时，应按照相应的解聘标准执行，这样不但可以顺利裁员，还能获得员工的支持。解聘标准主要包括法律标准、工作绩效标准、工作能力标准、工作态度标准四个方面。企业的解聘标准不得出现任何违背法律、法规的条款。而衡量一个员工是否合格，最主要的标准就是员工的工作绩效，工作绩效不符合最低标准的员工就会成为企业的解聘对象。工作绩效与工作能力和工作态度相关，工作能力可通过工作经历、工作能力测试、培训经历等指标进行衡量，而工作态度却难以测量并且受企业制度及领导态度的影响，因此当发现工作态度差的现象时，企业的主要任务不是解雇员工，而是应寻找出根本原因进行改进。

四、人力资源规划的程序及执行

(一) 人力资源规划的基本程序

人力资源规划作为人力资源管理的一项基础活动，其核心部分包括人力资源需求预测、人力资源供给预测和人力资源供需综合平衡三项工作，但是在具体实施时需要将这三项工作划分为更多的步骤。组织人力资源规划主要包括以下七个步骤。

1. 明确组织战略与经营计划

组织制定人力资源规划的依据是组织战略和经营计划，影响企业战略决策的信息有企业的技术设备特点、产品生产和销售状况、消费者状况、产品结构、企业经营规模、产品市场占有率等。因此，企业应明确这些状况，使企业的人力资源规划满足企业战略决策的要求。首先要分析企业战略与经营计划对人力资源的要求是什么，实现这一战略目标需要企业具备哪些能力，需要人力资源管理做什么，这些问题的答案是企业人力资源目标的一部分，同时也是分析人力资源供求的依据。

2. 对企业现有的人力资源状况进行分析

企业现有的人力资源状况是人力资源规划的基础工作。实现企业战略，首先要立足于开发现有的人力资源，因此必须采用科学的评价方法。人力资源规划主要是结合人力资源信息系统和职务分析的有关信息，对企业的各类人力数量、质量、结构、利用及潜力状况、流动比率进行统计。其中人力资源信息主要包括以下内容：

（1）个人自然情况，如姓名、性别、出生日期、婚姻状况、民族、身体自然状况和健康状况等。

（2）录用资料，如签订合同的时间、外语语种和水平、特殊技能以及对企业有潜在价值的爱好和特长。

（3）教育资料，包括受教育的程度、专业领域、各类培训证书等。

（4）工资资料，包括工资的类别、登记、工资额、上次加薪日期以及对下次加薪日期和加薪数额的预测。

（5）工作执行的评价，包括上次评价时间、评价或成绩报告、历次评价的原始资料。

（6）工作经历，包括以往的工作单位和部门、培训资料、升降职原因、是否受过处分及其原因和类型、最后一次内部转化的资料。

（7）服务与离职资料，主要包括任职时间长度、离职次数以及离职原因。

（8）工作态度，如生产效率，质量状态，缺勤、迟到和早退记录，是否抱怨以及抱怨的次数频率和内容等。

（9）安全与事故资料，包括因工受伤或非因工受伤的次数、受伤的原因、伤害程度、事故类型等。

（10）工作环境资料等。

在统计人力资源信息的基础上，一方面充分挖掘现有的人力资源潜力，可通过人力资源的培训和内部流通等来提高人力资源的利用率；另一方面找出现有人力资源和企业发展要求的差距。

3. 人力资源需求预测

人力资源需求预测主要是根据企业的战略规划和企业所处的内外部环境选择合适的预测方法，然后对人力资源需求的数量、质量和结构进行预测。实行人力资源预测时应考虑以下因素对人力资源需求的影响：①市场需求、产品或服务质量升级或决定进入新的市场；②产品和服务的要求；③人员的稳定性，如辞职、辞退员工的数量；④教育和培训状况，受教育的程度，培训的次数等；⑤技术和服务管理革新；⑥工作时间、工作班次；⑦预测活动的变化；⑧各部门可用的财务预算。

在进行人力资源需求预测的过程中，预测者及其管理判断能力和预测的准确与否关系重大。一般来说，人力资源需求受以上各种因素影响，但对不同的企业或组织，每一个因素的影响并不相同。

4. 人力资源供给预测

人力资源供给预测主要包括两个方面：一方面是内部人员拥有量预测，即根据现有人力资源以及企业未来人力资源的变动情况，预测出计划期内各时间点上的人员数量；另一方面是外部供给量预测，也就是确定计划期内各时间点上可以从企业外部获得的各类人员的数量。外部人员供给主要受地区性因素和全国性因素的影响。地区性因素包括企业所在地以及附近地区的人口密度、当地的就业水平、科技文化教育水平、临时员工的供给状况、各种生活条件以及公司所在地和公司对人们的吸引力等。而全国性因素主要指全国劳动人口的增长趋势、应届毕业生的数量与结构、国家就业法规政策等。

一般情况下，内部人员的数量比较透明，预测的准确度比较高，而外部人力资源供给的数量由于受各种因素的影响有较大的不确定性，因此企业进行人力资源供给预测时应把工作重心放在内部人员数量的预测上，外部供给量的预测则应聚焦于高级管理人员或骨干技术人员上。

5. 确定人力资源目标

人力资源目标随着企业所处的内外部环境、组织战略、各项业务计划、组织结构以及组织中员工工作行为的变化而不断改变。只有在组织的战略规划和年度计划确定后，才能明确组织的人力资源需求与供给，才能据此确定组织的人力资源目标。企业的人力资源目标通常不是单一的，既能用定量的分析，也能用定性的、抽象的描述。

6. 制订具体计划

制订具体计划主要包括确定人力资源计划的其他各项内容，包括补充计划、使用计划、培训开发计划、职业计划、绩效计划、薪酬福利计划、劳动关系计划等。计划中既要有指导性、全局性的政策，又要有可操作的具体的措施。在供求关系不同的情况下，企业可采取不同的政策措施。

（1）当预测结果显示，企业的人力资源需求大于供给时，这时可采取的政策和措施有：①培训企业现有员工，对受过培训的员工择优提升补缺并相应增加其工资待遇；②招聘临时工；③延长员工的工作时间或增加员工的工作负荷量，同时给予超时间、超负荷工作奖励；④岗位间平行调动，适当进行岗位培训；⑤改进工作流程，缩短工艺时间，提高员工的工作效率；⑥进行技术改革或提前进行生产；⑦制定招聘政策，向组织外招聘。

上述是人力资源供不应求的情况下普遍采用的方法，但是要解决企业人力资源短缺最根本、最有效的方法就是调动员工工作的积极性，可以通过提供物质或精神上的奖励、让员工参与企业决策、鼓励员工进行技术革新等方法进行。

（2）当预测结果显示，企业的人力资源需求小于供给时，这时可采取的政策和措施有：①辞退员工；②关闭一些不盈利的业务单位，精简职能部门；③让员工提前退休；④对员工进行再培训，调往新岗位并适当储备一些员工，为企业未来的发展做好准备；⑤减少工作时间并相应地减少工资；⑥由两个或两个以上人分担一个工作岗位，并相应减少工资。

7. 人力资源规划的审核与评估

人力资源规划的审核与评估是人力资源规划过程中的最后一步，是对人力资源规划所涉及的有关政策、措施以及其所带来的效益进行综合的审查与评价。人力资源规划会随着企业所处的环境以及企业战略目标的改变而改变，因此必须对其过程及结果进行监督、评估，并重视信息反馈，不断调整规划，使其切合实际，更好地促进企业目标的实现。其具体原因有以下几个方面：

（1）经审核和评估，可以听取管理人员和员工对人力资源管理工作的意见，激励他们参与人力资源的管理，从而有助于调整人力资源计划和改进人力资源管理工作。

（2）经审核和评估，可以对企业的人力资源成本进行严格的审核和控制，这项成本是企业中最高的成本项目之一。

（3）经审核和评估，可以调整有关人力资源方面的项目及其预算。目前采用最多的审核评估方法主要为目标对照审核法，即以企业原定的目标为标准进行逐项的审核评估；也可以广泛收集并分析与研究有关的数据，如管理人员、辅助管理人员以及直接生产人员之间的比例关系，在某一段时期内各种人员的变动情况，职工的跳槽、旷工、迟到、员工的报酬和福利、工伤与抱怨等方面的情况等。同时在对人力资源规划进行评估时应考虑到以下具体的问题：①进行人力资源预测时所依据信息的质量、可靠性、详尽性以及信息的误差和原因。②人力资源规划者对人事问题的熟悉程度。③人力资源预测时所采用的预测方法的使用时间、范围、适用性等。④人力资源规划者与人事、财务和其他业务部门主管之间的工作关系如何。⑤人力资源规划实施的可行性。⑥决策者在对人力资源规划中提出的预测结果、行动方案和建议的利用程度。⑦人力资源规划在企业决策者心中的价值如何。⑧有关各部门间信息交流的难易程度如何。⑨实际招聘人数与预测的人员需求量的差距。⑩实际的劳动生产率与预测水平间的差距。⑪实际的人员流动率与预测水平的差距。⑫实际的行动方案与规划的行动方案的差距。⑬实际行动方案后的实际结果与预测结果的差距。

（二）人力资源规划的执行

1. 人力资源规划执行的主要步骤

执行人力资源规划是最后一个十分重要的环节，如果企业的规划做得十分理想，但是没有按照规划执行或在执行的过程中出现了问题，那么企业的人力资源规划就会前功尽弃，起不到相应的作用。人力资源规划的执行主要包括以下四个步骤：

（1）实施。人力资源规划的实施是执行人力资源规划最重要的一个步骤，在实施过程中应完全按照人力资源规划执行，同时，在实施规划之前需要做好相应的各种准备工作，最后要全力以赴努力完成规划的内容。

（2）检查。检查是人力资源规划执行过程中不可缺少的步骤，如果没有检查就会使人力资源规划的实施流于形式，只是走过场，使实施缺少必要的压力，从而产生各种问题。检查者最好是实施者的上级，或者是平级的员工，但是不能是实施者本人或实施者下级，这样会使检查不能深入到实施的过程中，导致检查没有相应的意义。检查前，首先要列出检查提纲，明确检查目的与检查内容。检查时，检查者要根据提纲逐条检查，千万不要随心所欲或敷衍了事。检查后，检查者要及时地、真实地向实施者沟通检查结果，以利于激励实施者，使之以后更好地实施项目。

（3）反馈。反馈是执行人力资源规划不可缺少的步骤，通过反馈，可以清楚地知道人力资源规划中存在的问题，什么地方不够准确，哪里需要加强，哪些不符合实际情况，哪些是在以后的规划中可以借鉴的成功经验等，使企业了解更多人力资源规划的重要信息。

（4）修正。修正是人力资源规划的最后一步，在收到人力资源规划的反馈信息后，应根据反馈上来的问题，及时组织人员修正原规划中不正确的内容，使规划与实际环境、企业的发展相适应。但是在修正的过程中需要注意的是，如果只是修正规划中的一些小的项目或局部内容，涉及的面不会太大，但是如果要对人力资源规划中一些大的项目，或对原规划中的许多项目进行修正，或者对预算作较大的修正，往往要经过最高管理层的同意后才能进行。

2. 人力资源规划的执行者

企业人力资源的相关工作，诸如招聘、培训开发、薪酬福利设计、绩效考核等工作大多由人力资源部门负责，但是随着现代企业对人力资源部门工作要求和期待的提升，人力资源部门发挥了越来越重要的作用，从传统企业中单纯的人事方面的行政管理部门逐步转变为企业管理的战略合作伙伴。同样，人力资源管理方面的工作也不仅是人力资源部门的工作，而是各层管理者的责任，因此，人力资源规划的执行者是人力资源部门以及企业中各部门管理者。

企业人力资源规划的基础是晋升计划、人员补充计划、素质提升计划、退休解聘计划等，而这些计划需各部门管理者将本部门各种计划层层汇总到人力资源部门，再由人力资源管理者依据人力资源战略分析、制定出来的。并且企业的人力资源规划的执行也需要其他各个部门的配合才能开展，因此需要一个健全的专职部门来推动。主要有以下几种形式：第一，由人力资源部门负责，其他部门与其配合；第二，由某个具有部分人事职能的部门与人力资源部门协同负责；第三，由各部门选出代表组成跨职能团体负责。在执行的过程中各部门必须通力合作而不是仅靠负责规划的部门推动，各部门应齐心协力保证规划的实施。

3. 人力资源规划的执行层次

人力资源规划的执行层次主要分为企业层次、跨部门层次及部门层次这三个层次。

（1）企业层次。人力资源规划的执行需要企业高层管理者的参与，尤其是那些影响企业未来发展方向的重要人力资源规划项目必须要有企业高层管理参与决策，同时当企业经营战略对人力资源战略规划有重大影响时，或人力资源规划对人力资源管理各个体系在指导方针及政策方面有影响时，也应该由企业高层决策，这就是人力资源规划的企业层次。

（2）跨部门层次。跨部门层次指的是人力资源规划的执行需要对各个部门的人力资源规划的执行情况进行协调和监督，并对人力资源规划的实施效果进行评估，而这项工作一般由企业的副总裁级别的管理者执行。

（3）部门层次。人力资源规划执行的部门层次主要分为人力资源部门和其他部门。①人力资源部门。人力资源部门不但要完成本部门的人力资源规划工作，还要指导其他部门人力资源规划工作的顺利进行，为其他部门的人力资源问题提供系统的解决方案，并为各类人才提供个性化服务。②其他部门。各个部门负责人其实也是人力资源规划的执行者，因此人力资源规划部门工作也是每个部门负责人工作的组成部分。但是在很多企业中，非人力资源部门的管理者不愿参与人力资源规划，并且有些部门负责人没有进行人力资源规划的相关知识，因此需要人力资源部门对其他部门负责人进行培训，并把人力资源规划作为部门负责人业绩考核的一部分。部门负责人也应该与人力资源部门主动沟通，共同努力实现企业人力资源规划的目标。

第四节　工作分析与工作设计

一、工作分析

一个组织的建立最终会导致一批工作的出现，而这些工作需要由特定的人来承担。工作分析就是与此相关的一道程序。通过对工作内容与工作责任的资料汇集、研究和分析，可以确定该项工作的任务、性质和相对价值以及哪些类型的人适合从事这一工作。"工作分析的过程主要是调研完成工作的要求、周期和范围，并着眼于工作本身的特点，而不是工作者的状况。"[①] 工作分析的直接结果是工作说明书。为此，我们给工作分析定义如下：

工作分析又称职位分析、职务分析或岗位分析，是指应用系统方法对组织中某一特定的工作或职位的任务、职责、权利、隶属关系、工作条件等相关信息进行收集和分析，作出明确规定，并确认完成工作所需要的能力和资质的过程，是组织人力资源规划及其他一切人力资源管理活动的基础。

工作分析的基本要求是从职位活动中提炼出那些对职位来说必要的条件和因素，并对职位进行系统的概括说明。

---

① 吕菊芳. 人力资源管理［M］. 武汉：武汉大学出版社，2018：61.

（一）工作分析的主要作用

第一，选拔和任用合格的人员。通过工作分析，能够明确规定工作职务的近期和长期目标；掌握工作任务的静态和动态特点；提出有关人员的心理、生理、技能、文化和思想等方面的要求，选择工作的具体程序和方法等。在此基础上，确定选人用人的标准。有了明确而有效的标准，就可以通过心理测评和工作考核，选拔和任用符合工作需要和职务要求的人员。

第二，制订有效的人事预测方案和人事计划。每一个单位对于本单位或本部门的工作职务安排和人员配备，都必须有一个合理的计划，并根据生产和工作发展的趋势作出人事预测。工作分析的结果，可以为有效的人事预测和计划提供可靠的依据。在职业和组织面临不断变化的市场和社会要求的情况下，有效地进行人事预测和计划，对于企业和组织的生存与发展尤其重要。

一个单位有多少种工作岗位，这些岗位目前的人员配备能否达到工作和职务的要求，今后几年内职务和工作将发生哪些变化，单位的人员结构应进行哪些相应的调整，几年甚至几十年内，人员增减的趋势如何，后备人员的素质应达到什么水平等问题，都可以依据工作分析的结果作出适当的处理和安排。

第三，设计积极的人员培训和开发方案。通过工作分析，可以明确从事的工作所应具备的技能、知识和各种心理条件。这些条件和要求，并非人人都能够满足或达到的，必须不断培训、不断开发。因此，可以按照工作分析的结果，设计和制订培训方案，根据实际工作要求和聘用人员的不同情况，有区别、有针对性地安排培训内容和方案，以培训促进工作技能的发展，提高工作效率。

第四，提供考核、升职和作业的标准。工作分析可以为工作考核和升职提供标准和依据。工作的考核、评定和职务的提升如果缺乏科学依据，将影响干部、职工的积极性，使工作和生产受到损失。根据工作分析的结果，可以制定各项工作的客观标准和考核依据，也可以作为职务提升和工作调配的条件与要求。同时，还可以确定合理的作业标准，提高生产的计划性和管理水平。

第五，提高工作和生产效率。通过工作分析，一方面，由于有明确的工作任务要求，建立规范化的工作程序和结构，使工作职责明确，目标清晰；另一方面，明确了关键的工作环节和作业要领，能充分利用和安排工作时间，使干部和职工能够合理地运用技能，增强他们的工作满意感，从而提高工作效率。

第六，建立先进、合理的工作定额和报酬制度。工作和职务的分析，可以为各种类型的各种任务确定先进、合理的工作定额。所谓先进、合理，就是在现有工作条件下，经过一定的努力，大多数人能够达到，其中一部分人可以超过，少数人能够接近的定额水平。它是动员和组织职工提高工作效率的手段，是工作和生产计划的基础，也是制定企业部门定员标准和工资奖励制度的重要依据。工资奖励制度是与工资定额和技术等级标准密切相关的，把工作定额和技术等级标准的评定建立在工作分析的基础上，就能够制定出比较合理公平的报酬制度。

第七，改善工作设计和环境。通过工作分析，可以确定职务的任务特征和要求，建立工作规范，可以检查工作中不利于发挥积极性和能力的方面，并发现工作环境中有损于工作安全，加重工作负荷，造成工作疲劳与紧张，以及影响社会心理气氛的各种不合理因素；有利于改善工作设计和整个工作环境，从而最大程度地调动工作积极性和发挥技能水平，使人们在更适于身心健康的安全舒适的环境中工作。

（二）工作分析的相关术语

工作分析的术语包括以下 10 种：

（1）工作要素。这是指工作活动过程中不能再继续分解的最小单位。例如，速记人员速记时，能正确书写各种速记符号；锯木工锯木头前，从工具箱中拿出一把锯子；教师上课前，拿出备课笔记等。

（2）工作任务。这是指为了不同的目的所担负完成不同的工作活动，即工作活动中达到某一工作目的的行动集合。例如，管理一个计算机项目、打字、编写程序、从卡车上卸货等，都是不同的任务。

（3）工作职责。这是指某人在某一方面承担的一项或多项任务组成的相关任务集合。例如，教师的职责是上好课，这一职责由下列任务所组成：备课、上课、回答学生提出的问题、批改学生作业、辅导学生实验和实训等任务。

（4）工作岗位。这是指某一时间内某一主体所担负的一项或数项相互联系的职责集合。例如，办公室主任同时担负单位人事调配、文书管理、日常行政事务处理等职责。在同一时间内，职位数量与员工数量相等。

（5）工作职务。这是指主要职责在重要性与数量上相当的一组职位集合的统称。例如，秘书就是一个职务。职务实际上与工作是同义的。

（6）工作职业。这是指不同时间、不同组织中，工作要求相似或职责平行（相近、相当）的职位集合。例如，会计、工程师、教师等。

（7）工作族，又称工作类型。这是指企业内部具有非常广泛的相似内容的工作群。

（8）工作职系。这是指由两个或两个以上的工作组成，是根据职责繁简难易、轻重大小及所需资格条件不同，但工作性质充分相似的标准划分出来的所有职位集合。例如，人事行政、社会行政、财税行政、保险行政等均属于不同职系，销售工作和财会工作也是不同职系。职系与工作族同义。

（9）工作职组。这是指若干工作性质相近的所有职系的集合。例如，人事行政与社会行政可并入普通行政组，而财税行政与保险行政可并入专业行政组。职组并非工作分析中的必要因素。

（10）职业生涯。这是指一个人在某工作生活中所经历的一系列职位、工作或职业。例如，某一个人的职业生涯中曾当过士兵、工人、教师等。

（三）工作分析的基本内容

工作的基本要求是从职位活动中提炼出那些对职位来说是必要的条件和因素，并对职位进行系统的概括说明。它描述的是工作内容或职责、员工资格要求、工作环境等信息，是编写工作说明书的基础。其主要内容包括工作要素、工作说明和工作规范等。

1. 工作要素

要进行工作分析，首先必须弄清该项工作由哪些要素构成？具体含义是什么？一般来说，工作分析包含的要素有以下七个：

（1）什么职位。工作分析首先要确定工作名称、职位。即在调查的基础上，根据工作性质、工作繁简难易、责任大小及资格等方面，确定各项工作名称并进行归类。

（2）做什么。即应具体描述工作者所做的工作内容，在描述时应使用动宾短语，如包装、装载、刨、磨、检测、修理等。

（3）如何做。即根据工作内容和性质，确定完成该项工作的方法与步骤，这是决定工作完成效果的关键。

（4）为何做。即要说明工作的性质和重要性。

（5）何时完成。即完成工作的具体时间。

（6）为谁做。即该项工作的隶属关系，明确前后工作之间的联系及职责要求。

（7）需要何种技能。即完成该项工作所需要的工作技能，如口头交流技能、迅速计算技能、组织分析技能、联络技能等。

2. 工作说明

工作说明是有关工作范围、任务、责任、方法、技能、工作环境、工作联系和所需要人员种类的详细描述。它的主要功能是让职工了解工作的大致情况；建立工作程序和工作标准；阐明工作任务、责任与职权；有助于员工的聘用与考核、培训等。

编写工作说明时要注意以下几点：

（1）描述要具体化而非抽象化。

（2）描述的句子要简明，内容不要过于繁杂，最好不超过3页。

（3）使用技术性术语时加以解释。

3. 工作规范

为了使员工更详细地了解其工作的内容和要求，以便能顺利地进行工作，在实际工作中还需要比工作说明书更加详细的文字说明，规定执行一项工作的各项任务、程序，以及所需的具体技能、知识和其他条件。为此，企业在工作分析的基础上，可设立"工作规范书"，或者将此项内容包括在工作手册、工作指南之中。

所谓工作规范，是指完成一项工作所需的技能、知识，以及职责、程序的具体说明，它是工作分析结果的一个组成部分。工作规范包含一般要求、生理要求和心理要求三方面：①一般要求包括年龄、性别、学历和经验等。②生理要求包括健康状况、体力力量、运动灵活性、感觉器官的灵敏度等。③心理要求包括学习、观察、思考、创新、兴趣、爱好、性格、合作等。

（四）工作分析的一般过程

1. 准备阶段

准备阶段包括确定工作分析的目的和用途，成立工作分析小组，对人员培训的准备等内容。

（1）全面计划工作分析的进程、协调相关部门与人员、制定工作分析的技术标准，保证工作分析能够顺利的开展。

（2）分析岗位的范围决定了工作分析小组的构成模式。如果进行企业整体岗位的工作分析，为了保证工作能够按照计划顺利进行，必须由领导挂帅，全员参与，人力资源部门和外聘专家作为技术支持。如果要进行部分岗位的工作分析，可以以部门主管为主，人力资源部门和外聘专家提供技术。企业规模不同工作分析小组的构成模式也不同。大中型企业开展整体岗位的工作分析，需要成立专门的委员会，参与者包括企业主要领导、部门主管与二级机构负责人、人力资源部门（包含二级机构的人力资源部门），委员会围绕领导、协调、支持3项工作进行分工。主要领导负责工作分析、工作的计划制订与动员工作。部门主管或二级机构负责人承担工作分析过程的协调工作，外聘专家与人力资源部门（包含二级机构的人力资源部门）承担总体的技术开发与具体的实施。小型企业开展工作分析最好由行政管理部门组织，聘请专业人员给予指导，或者请专业的咨询机构帮助。

（3）工作分析技术培训。工作分析工作取得成功的关键是必须要有高层领导的直接支持。因为高层领导的态度，决定了所有参与者和相关者的配合程度。如果高层领导的态度冷淡，即使人力资源部门有再高的热情，直线部门主管或员工也很难积极配合。所以开展工作分析之前最好下发正式通知，或者由高层领导召开专门的工作动员会。目前，在企业界实际接受过工作分析培训的专业人员比较少，并且在人力资源管理领域中有关工作分析的理论较多。因此，有必要对所有工作分析的参与者进行专项培训。

培训的内容包括工作分析的意义、步骤、分工、收集信息种类、方法、需要的配合等。培训的目的是统一工作分析人员的口径、统一方法与流程，确保工作分析成果的质量。很多企业将工作分析技术培训和工作动员会安排在一起。实际上两者存在很大的区别。工作动员会针对的对象是工作分析所涉及的全体员工，内容以说明工作分析的意义或目的，并说明需要对象配合的内容，是会议的形式。而工作分析技术培训针对的是工作分析小组的成员，培训的形式最好是案例分析或实际演练。

2. 调查阶段

调查阶段包括确定工作进度，收集相关信息资料等内容。

（1）确定收集信息的内容。工作分析中所收集的信息是否全面决定了工作的整体质量，一般情况下要全面了解一个岗位需要收集9个方面的信息：①职务基本信息；②工作目标；③工作内容；④工作特征；⑤完成工作所需的设施或设备、工具；⑥任职资格；⑦培训与开发要求；⑧绩效考核标准；⑨法律、法规强制要求的条件。

（2）选择收集信息的方法常见的包括访谈法、问卷法、观察法、工作日志法等。在企业实际开展工作分析的过程中必须考虑收集信息的质量与效率。通过大量的数据积累与分析，其中访谈法所收集信息的质量最高，能够将所需信息进行深入挖掘；问卷法是工作效率最高的收集信息的方法之一，能够同时对广泛的对象进行调查，可以在短时间内获得大量的数据。

（3）开展信息收集工作阶段需要做好以下三项工作：①工作分析小组负责人必须按照事先的分析计划，全面推进工作计划。②要求直线部门主管做好协调工作，预先安排好被

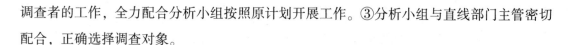

调查者的工作，全力配合分析小组按照原计划开展工作。③分析小组与直线部门主管密切配合，正确选择调查对象。

3. 分析阶段

分析阶段包括收集、分析、综合工作信息等内容。

（1）信息处理工作与分析是对前一阶段通过各种渠道、利用不同方法所收集的信息进行甄选、核准、分析和信息补救的过程。这一阶段的主要工作是甄别无效问卷与信息并进行信息补救。无效的问卷包括填写人没有按照指导语的要求填写相应内容，填写人对问卷中的问题存在错误的理解，出现所答非所问的情况。无效的信息是不同访谈者对同一问题做出的截然不同的反应。

（2）信息处理的过程是"求同辨异"的过程。分析人员要找到针对同一岗位的相同认识，也要发现被调查者之间存在的不同观点。对于这些不同观点要进行信息核准。所谓信息核准，就是利用其他方法再次挖掘信息，并向访谈对象说明情况以求得配合。一般情况下，企业界对于同一岗位所收集信息的分析遵循两个假设：素质高的任职者提供的信息可能更有价值；任职时间长的任职者提供的信息可能更有价值。

4. 完成阶段

完成阶段包括编写工作说明书，并进行总结等内容。

（1）编撰工作说明书。分析人员将某一岗位的相关信息梳理清晰以后，就要编撰工作说明书，工作说明书是工作分析的最终成果。工作分析的质量通过工作说明书表现出来。编撰工作说明书首先要明确工作说明书的内容结构、格式、编写的原则和工作说明书的成型程序4个问题。

（2）工作说明书的内容结构是指工作说明书包含哪些具体的项目；工作说明书格式是指按照企业自己的行文要求统一字体、行间距等；编写原则是所有撰写人统一口径，按照相同的编写原则来编撰；工作说明书的成型程序是指根据不同岗位确定成型程序。工作说明书的内容结构没有统一的定式，可以根据企业的需要、岗位的特点、任职者的素质水平来确定，最关键的是要考虑工作说明书的作用。成长型企业比较关注员工未来的职业发展问题，因此在工作说明书中必须要明确岗位的升迁、轮换途径。

（3）一般情况下，工作说明书包含以下内容：①基本信息；②工作目标/工作摘要（简述）；③工作职责（最好不超过10条）；④任职资格；⑤培训要求；⑥考核标准；⑦职业发展（可轮换、晋升、降职）；⑧任职人声明等。

（4）修订工作说明书。编撰完成的工作说明书必须经过岗位任职者及其主管的认可。

往往岗位任职者或其主管都会对工作说明书的部分内容提出意见，这些意见更多地集中在工作职责的部分。对于出现的争议内容，工作分析人员需要利用德尔菲法来解决问题。参与讨论的对象包括工作分析人员、岗位任职者、直接主管及高级主管。参与讨论者从不同的角度发表对争议内容的意见。对于工作职责中确实难以清晰划分的任务，一般会采取分拆的办法进行界定。讨论的过程将解决工作说明书中所有的争议问题。结束上述工作以后工作说明书就修订完成了。

5. 结果运行

结果运行包括人事管理、人事决策、人事研究等内容。

二、工作设计

工作设计也称为岗位设计，与工作分析之间有着密切而直接的关系。工作分析的目的是明确所要完成的工作以及完成这些工作所需要的人的特点，工作设计是明确工作的内容与方法，说明工作应该如何安排才能最大限度地提高组织效率，同时促进员工的个人成长。工作设计是对工作分析的重新整合和再完善。

(一) 工作岗位的概念及划分

1. 工作岗位的概念界定

岗位亦称职位。在特定的组织中，在一定的时间内，由一名员工承担若干项任务，并具有一定的职务、责任和权限时，就构成一个岗位。

工作岗位是根据组织目标需要设置的具有一定工作量的单元，是职权和相应责任的统一体。首先，组织是由目标建立起来的目标体系，组织机构是为承担某些职责，完成特定的任务、目标而设置的。岗位作为组织的"细胞"，也是根据组织目标需要设置的，它是具有一个人工作量的基本单位。同时，组织不仅是目标体系，它还是等级权力链。组织层次的划分是总目标、子目标的层层分解，也是权力的层层授予。因此，每家组织机构乃至作为组织"细胞"的岗位，都是职权和相应责任的统一体，即有权有责、权责对应。否则，如果有责无权，或责大权小，那么岗位任职者在执行自己的职责时，由于不能做主，就会四处请示、八方汇报，从而延误时间，降低效率。如果有权无责，或权大责小，则可能导致岗位任职者滥用权力，独断专行，出现官僚主义和瞎指挥现象，出了问题无人承担责任。

2．工作岗位的类别划分

（1）岗位分类的基本含义。

岗位分类也称岗位分级、岗位归级。它是在工作分析的基础上，采用一定的科学方法，按岗位的工作性质、特征、繁简难易程度、工作责任大小和人员必须具备的资格条件，对企业全部（规定的范围内）岗位所进行的多层次的划分。

岗位分类同企业单位外的职业分类标准存在着紧密的联系。如国际劳工组织制定的《国际标准职业分类》，我国于 1999 年颁布的《中华人民共和国职业分类大典》，以及各类组织、地区、部门编制的职业分类标准等。各类职业分类标准是以企业单位、国家机关岗位分类为基础制定的，一旦这类标准建立之后，企业单位在进行岗位分类时，便可依据、参照或执行这些标准。

企业岗位分类与国家公务员管理中的职位分类工作程序、实施方法等方面有许多相似之处，但也有一定的差别。首先，作为一种人事制度，职位分类一般由国家专门的组织机构负责制定，经过国家立法程序，以法律的形式公布、实施，带有很大的强制性。而企业岗位分类则根据自己的实际具体组织实施，上级主管部门提出的分类方法是参考性标准，不具有强制性。其次，两者实施的范围和研究对象不同。职位分类适用于国家各级政府及其职能部门和机构，研究的对象和规定的范围是国家公务员的各级各类岗位；而岗位分类适用于实行职位分类法以外的各种企业、事业单位，考察及研究的对象是企业单位中的各类生产、技术、经营、管理、服务岗位。最后，实施的难度不同。一种国家职位分类制度的形成，往往需要十几年甚至几十年的时间。只有经过不断的摸索、调整、修改，才能形成一套比较完善的、切合实际的职位分类体系。可以说，职位分类在整个人事行政管理中，是最重要、最复杂和最难处理的问题。而企业岗位分类无论在实施范围方面，还是在考察对象方面，都相对比较容易。

（2）横向分类和纵向分类。

岗位分类包括横向分类和纵向分类。在横向分类中，是按工作性质将职位分成大、中、小三类。大类叫职门，亦称职类。中类叫职组，亦称职群。小类叫职系。在纵向分类中，是按工作的轻重程度将职位分级划等。在同一职系内分级就产生职级，在各职系间统一划等就产生职等。在职位横向分类和纵向分类的基础上，制定工作说明书。具体来说，岗类、岗群和岗系是横向分类中出现的概念。其分类的依据是工作性质。工作性质完全相同的岗位群，就构成岗系。若干个工作性质邻近的岗系，可以划归为一个岗群。若干个工作性质大致接近的岗群，又可以划归为一个岗类。可见，岗类、岗群和岗系是按工作性质的相似程度，将岗位划分的大、中、小三类。

岗级、岗等是岗位纵向分类出现的概念，其分类（分级划等）的依据是工作的轻重程度。工作的轻重程度一般由工作的繁简难易、责任轻重、所需人员资格条件高低等因素来体现和评价，因此，岗级是指在同一岗系内，工作繁简难易程度、责任轻重程度以及所需人员的资格条件高低都充分相近的岗位群。岗等是指岗位的工作性质虽然不同，但工作的繁简难易、责任轻重以及所需人员资格条件高低都相近的岗位群。

在把握岗级和岗等两个概念时要注意两点。第一，二者所指范围不同。岗级是在同一岗系内把岗位按工作轻重程度分级的结果，也就是说，这是每个岗系各自进行的分级。而岗等是所有岗系（岗位的工作性质虽然不同）的岗位按工作轻重程度分级的结果，也就是说，这是每个岗系各自进行的分级。而岗等是所有岗系（岗位的工作性质虽然不同）的岗位按工作的轻重程度统一划分等级的结果。第二，二者都是工作轻重程度相近的岗位群。为什么是相近而不是相同？这一点可以从岗位级划分的步骤中得到解释。岗位级分的第二步是将按顺序排列的岗位划分为一些小组，凡工作轻重程度（相对价值或工作评价得分）相近的岗位就归为一组，每组就是一个岗级。岗等也是一样，同一岗等的一组岗位或岗位群，它们在工作评价中所得分数是相近的，所以它们工作轻重程度是相近的。

岗位分类是工作研究的重要组成部分，它与工作分析存在着不可分割的联系。工作调查为工作分析提供各种必要数据、资料，而工作分析又是岗位分类的重要前提，为岗位分类与工作评价奠定了基础。

（二）工作设计的形式（方法）

工作设计是指将任务组合构成一套完整的工作方案。换句话说，就是确定工作的内容和流程安排。这个课题一直是人们感兴趣的内容。

现代工作设计的突出特点是充分考虑了人性的因素，体现了以人为中心的管理思想。主要包括以下六种形式或者方法：

1. 工种轮换

工种轮换是让员工在能力要求相似的工作之间不断调换，以减少枯燥、单调感。这是早期为减少工作重复最先使用的方法。这种方法的优点不仅在于能减少厌烦情绪，而且使员工能学到更多的工作技能，进而也使管理当局在安排工作、应对变化、人事调动上更具弹性。

工种轮换的缺点是使训练员工的成本增加。而且一名员工在转换工作的最初时期效率较低，使组织有所损失。

2. 工作扩大化

工作扩大化是指在横向水平上增加工作任务的数目或变化性，使工作多样化。这种方法从 20 世纪 50 年代起在美国开始流行。例如，邮政部门的员工可以从原来只专门分拣邮件增加到也负责分送到各个邮政部门。

然而工作扩大化的成效并不十分理想。它只是增加了工作的种类，并没有改善工作的特性。这促使人们开始考虑如何将工作本身丰富化。

3. 工作丰富化

工作丰富化是指从纵向上赋予员工更复杂、更系列化的工作，使员工有更大的控制权，参与工作的规则制定、执行、评估，使员工有更大的自由度、自主权。

工作丰富化可以采用以下一些手段实施。任务组合把现有零碎的任务结合起来，形成范围较大的工作，增加技能多样性和任务完整性；构成自然性的工作单元，使员工能从事完整的工作，从而看到工作的成果，看到工作的意义和重要性；与客户建立联系，从而增加工作的技能多样性、自主性和反馈度；纵向扩充工作内涵，赋予员工一些原本属于上级管理者的职责与控制权，以此缩短工作中执行层与控制层之间的距离，增加自主性；开放反馈渠道，使员工不仅可以知道自己的绩效，也可以知道是否进步、退步或没有变化。最理想的是让员工在工作中直接受到反馈，而不是由上司间接转达，这可以增加自主性，减少被监督意识。

4. 社会技术系统

社会技术系统和工作丰富化一样，也是针对科学管理使工作设计过细而产生的问题提出的。

社会技术系统与其说是一种工作设计技术，不如说是一种哲学观念。其核心思想是：如果工作设计要使员工更具生产力而又能满足他们的成就需要，就必须兼顾技术性与社会性。技术性任务的实施总要受到组织文化、员工价值观及其他社会因素的影响。因此，如果只是针对技术性因素设计工作，那么就难以达到提高绩效的预期，甚至可能适得其反。

5. 工作生活质量

工作生活质量旨在改善工作环境，从员工需要考虑，建立各种制度，使员工分享工作内容的决策权。具体而言，改善工作质量的形式有增加工作的多样性和自主权，使员工有更多成长与创新的机会；允许参与决策；改善工作团体之间的互动关系；减少监督程度，增加员工自我管理的程度；扩大劳资双方的合作等。

6. 组织自主性工作团队

自主性工作团队是工作丰富化在团体上的应用。自主性工作团队对例行工作有很高的自主管理权，包括集体控制工作速度、任务分派、休息时间、工作效果的检查方式等，甚至可以有人事挑选权，团队中成员之间互相评价绩效。概括说来，自主性工作团队有三种特性：成员间工作相互关联，整个团队最终对产品负责；成员们拥有各种技能，从而能执行所有或绝大部分任务；绩效的反馈与评价是以整个团队为对象。

第二章 企业人员的进入与开发

第一节 企业人员的招聘

企业之间的竞争实质上是人才的竞争。企业拥有什么样的人才就拥有什么样的竞争力。无论企业的性质、产品的类别有怎样的天壤之别，人才都是实现企业发展战略的必要支撑。任何一个企业从初创到发展再到壮大，都会开展无数次人才招聘活动，可以说人才招聘的成败就等于企业未来发展的成败。

一、认识招聘

（一）招聘的基本前提

招聘活动起始于组织对人才的需求。短期来看，企业规模扩大、业务拓展、员工离职等因素都会导致人力资源的不足，从而产生招聘需求。长期而言，企业要用战略的眼光来看待招聘需求。战略目标是界定工作任务和影响企业绩效的重要变量。任务的承担和绩效的创造需要角色扮演，如同一部影视作品需要角色来演绎一样。但是谁能够胜任岗位并扮演不同的角色呢？人力资源管理的一项重要任务就是将员工岗位和组织战略联系在一起，依据战略目标和岗位分析来确定需要的员工数量和质量，针对特定岗位招聘合适的人。

企业在进行招聘工作前，首先要回答一系列问题，如：要实现企业战略目标，未来一定时间段内需要新增哪些岗位？目前亟待设立和补缺的岗位有哪些？这些岗位的任职资格要求是什么？需要采取长期固定还是短期灵活的雇佣方式？

在人力资源管理中，人力资源战略规划、工作分析与设计、组织人力资源现状分析等为以上问题提供了答案，是招聘工作的基础和前提。人力资源规划和工作设计决定了企业要招聘人员的部门、职位、数量、类型和到岗时间。工作分析既决定了对所需人员的生理、心理、技能、知识、品格要求，也向应聘者提供了关于工作岗位的详细信息。

（二）招聘的内涵阐释

招聘是指运用一定的方法、策略，将符合岗位任职要求的求职者吸收到组织中的过程。招聘实际上是企业与应聘者之间进行双向选择和匹配的动态过程。

对企业来说，招聘是一项非常重要的人力资源管理活动，它关系到企业绩效乃至战略目标的实现。招聘表面上看似简单，实际上却是在有限时间内将经验、方法、技巧综合运用的过程。如何通过招聘来识别优秀的人才，让优秀的人才进入企业是招聘的主旨。越来越多的企业人力资源管理者发现，鉴别人才难，让人才为己所用更是难上加难。如此看来，招聘不单单是选择人才，更关键的是吸引人才。我们不妨将招聘描述为：吸引那些能为特定组织做出贡献的人才的过程。

人才有权选择他们愿意为之工作的组织，并且决定是否向企业做出努力工作的承诺。因此，人力资源管理者应该通过对企业优势的表达来影响人才的选择与决策，实质上就是招聘营销。在招聘活动中，企业通过政策的拟定与宣讲，依赖人力资源管理者的经验技巧的运用，展示企业良好的形象，让优秀的人才为之震撼、为之向往，最终完成企业与人才之间积极的心理契约的建立。招聘活动是形成这种心理契约的初始的且重要的环节。

二、招聘渠道

一旦企业决定增加或重新配置员工，就面临着"如何选择渠道寻找适合的申请者"这一问题。职位申请者可能来自组织内部，也可能来自组织外部，人力资源管理者需要采取有效措施将招聘信息传递给内部和外部的潜在申请者，根据申请者来源的不同，选择特定的招聘渠道来决定信息的传递方式以及与申请者与组织之间沟通的方式。招聘渠道的选择差异将会直接影响招聘的效果。

（一）内部招聘渠道

内部招聘，"即从企业内部员工中获取适合特定岗位所需的人才"①，实际上是对企业内部人力资源进行优化配置的一种方式，主要通过内部竞聘、推荐、兼职、晋升等多种形式进行。

---

① 人力资源和社会保障部教育培训中心组织. 企业人力资源开发与管理［M］. 北京：中国劳动社会保障出版社，2014：201.

1. 内部竞聘

在组织内部招聘空缺职位的合适人选，组织需要了解在现任员工中有谁可能对空缺职位感兴趣，将这些感兴趣的员工组织起来参与竞聘，通过技能清单和就职演说等方式来鉴别可能的胜任人选。竞聘的前提是明确告知组织内部员工目前的空缺职位，通过会议、公告牌、内部刊物、内部网站等方式对招聘信息进行有效传递。一种被称为"招聘公告"（Job Posting）的计算机系统软件已经问世，对空缺职位产生兴趣的雇员可以使用此软件测试自身的技能和经验与空缺职位任职资格的匹配程度，从而清楚地知道如果参与给定职位的竞争，哪些素质是必须具备的。

2. 员工兼职

如果是暂时性短缺的岗位或者少量的额外工作，组织可以采用内部兼职的方式进行招聘，给员工提供各类奖金而不纳入计时工资，这样可以吸引有余力的员工兼任第二份工作。我国人才市场的现状表明，有一批人拥有一份以上的工作，这说明他们有相当充足的精力和相当强的能力。由于兼职已经非常普遍，所以管理者必须建立相应的"兼职制度"，包括沟通绩效期望、预防利益冲突、保护经营信息等内容。

3. 内部晋升

内部晋升是从组织内部获取管理者的一种途径。从内部晋升的管理者有着自身的优势，比如业绩、才能、服众等。相对于从外部引进的"空降兵"而言，内部晋升的管理者熟悉组织的业务，了解组织发展中的优势与不足，认同组织的文化和价值理念。但是，内部晋升的管理者可能会受到思维定势、人际关系等阻碍，缺乏改革创新的动力。

（二）外部招聘渠道

外部招聘渠道就是根据企业发展的用人需求，从外部把优秀、合适的人才吸引到企业。如果组织内部没有足够的候选人可供挑选的话，就必须把目光转向外部以补充劳动力。外部渠道招聘有很多种形式，发展相当成熟的渠道包括广告媒体招聘、职业机构招聘、校园招聘、招聘会、网络招聘等。

1. 广告媒体招聘

企业可以在各种媒体上刊登招聘广告以获得新员工，最常见的是在报纸杂志上公告企业空缺职位的相关信息，以吸引对职位感兴趣的潜在人选。外部招聘可供使用的广告媒体还有户外广告牌、电视广告等。有效的招聘广告可以体现企业的整体形象，所以在进行招聘广告设计时要突出企业文化及价值理念。此外，随着我国公民权利意识的增强及劳动法律法规的日臻完善，招聘广告必须符合劳动法律法规，否则会使企业陷入法律纠纷。

2. 职业机构招聘

随着人才流动的日益普遍，各类人才交流中心、职业介绍所、猎头公司等劳动与就业服务中介机构应运而生。这些机构扮演着双重角色：既为单位选人，也为求职者择业。借助这些平台，单位和求职者均可获得并传递大量信息。这些机构通过定期或不定期举办活动（如交流会、洽谈会等）使双方面对面交流，提高了招聘的成功率。

职业机构包含两类：一类是人才交流中心、职业介绍所等，另一类是猎头公司（Head Hunter）。

人才交流中心等服务机构专门发布各类企业的招聘需求信息，并承担寻找和筛选求职者的工作。这些机构常年为单位服务，一般建有人才资料库，用人单位可以方便地从资料库中搜寻相关条件的人员。通过人才交流中心选人的招聘方式具有针对性强、费用低廉等优点，但该方式不适用于对信息技术、金融等热门专业人才或高层次人才的招聘。

猎头公司是适应企业对高层次人才的需求与高级人才的求职需求而发展起来的。在国外，猎头服务早已成为企业招揽高级人才和高级人才流动的主要渠道之一。我国的猎头服务近些年发展迅速，越来越多的企业开始接受这种招聘方式。对于高级和尖端人才，企业用传统的招聘渠道往往很难获取，但这类人才对企业的意义重大。猎头服务的一大特点是推荐的人才素质高。猎头公司一般会建立人才库，优质高效的人才是公司重要的资源之一，对人才库的管理和更新是日常的工作，搜寻手段和渠道则是猎头公司专业性服务最直接的体现。此外，企业通过猎头公司招聘人才需要支付昂贵的服务费。

3. 校园招聘

传统意义上的校园招聘，就是由组织派出专员或招聘代表到校园向毕业生宣讲企业发展近况并组织面试工作。如今的校园招聘已经变得更加富有创造性。例如，企业通过校园选拔竞赛方式建立全面的沟通框架，让应聘双方在一定程度上真正融入对方并了解彼此的诉求，从而使校园招聘取得意想不到的效果。比如："欧莱雅校园企划大赛""华硕校园精英培训营""可口可乐校园总经理招聘""安利（中国）管理培训生校园招聘"。

毋庸置疑，开展富有挑战性和高参与度的校园选拔活动是"双赢"的过程。对于企业而言，一方面，学生是校园文化的传播者，他们会将活动中的感受和体验传播给更多受众，帮助企业传播品牌形象；另一方面，企业通过选拔活动来考察学生的职业倾向、团队合作能力等，从而找到适合的人才。对于学生而言，通过参与这些活动，他们能接触到真

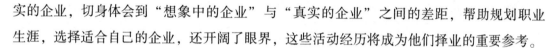

实的企业，切身体会到"想象中的企业"与"真实的企业"之间的差距，帮助规划职业生涯，选择适合自己的企业，还开阔了眼界，这些活动经历将成为他们择业的重要参考。

4. 招聘会

为了满足企业招聘需求，主办方承办招聘会，企业租用展位或展厅传递招聘信息，应聘者按照招聘会举办时间到既定的场所参加招聘会，投递简历。在招聘会中，企业和应聘者可以直接进行接洽和交流。随着人才市场的日臻完善，招聘会呈现出专业化发展的趋势，即面向特定群体举办专场招聘会，如校园招聘会、下岗职工招聘会、海归人才招聘会、某行业人才招聘会等。面对各种类型的招聘会，企业在进行选择时，一般要考虑以下几个方面：一是明确企业所需要的人员类别，从而选择合适的招聘会；二是了解招聘会的范围、对象、其他参加企业、举办时间及地点，结合自身的情况有所选择；三是了解招聘会的宣传力度、参会人员的规模。

5. 网络招聘

如今，网络招聘已经成为全球最主要的招聘手段之一。企业可以通过两种方式进行网络招聘：一是在企业自身网站上发布招聘信息，搭建招聘系统；二是与专业招聘网站合作，如中华英才网、前程无忧、智联招聘等，通过网站发布招聘信息，利用专业网站已有的系统进行招聘活动。

互联网作为招聘手段之所以流行的原因有很多。从组织的期望来看，网络招聘依赖互联网技术搭建的先进的信息平台，宣传覆盖面广、招聘成本低、时间投入少、效率高，但网络招聘也存在一些问题，如信息处理难度大、虚假信息大量存在、应聘者个人信息泄露等。

（三）内外招聘渠道的比较与平衡

内部招聘渠道和外部招聘渠道都有各自的优势和不足。如果将两者结合起来，相辅相成、优势互补，就能实现企业的招聘计划。

1. 内外招聘渠道的比较

（1）内部招聘渠道的优势。

内部渠道除了招聘成本低、可信度高之外，它突出的优势还有：①能够对员工产生激励作用，增强员工对组织的忠诚度。从组织的内部获取人才，实际上是对员工业绩和能力的肯定，是员工与企业同步成长的见证。通过晋升榜样的力量，员工拥有对工作的美好愿景与规划，对企业的情感归属和忠诚度也会与日俱增，更重要的是增强了努力工作的信心，员工整体的工作士气得到了鼓舞。②能够缩短员工的适应期，增强员工对组织文化的认同。现有员工已经度过了初入组织的不适期并融入组织。相比外部引进的新员工，现有员工更了解企业的运作模式和企业文化，对组织价值理念的认知更深刻，不会轻易离开组织，从而降低了企业人员流失的风险。

要发挥内部招聘的优势，还必须有几个前提条件：企业已建立准确的人员潜力识别系统，已建立完善的内部选拔与培养机制，已建立规范的员工职业发展通道及公平公开的内部职位调整制度。

（2）外部招聘渠道的优势。

内部渠道招聘虽然具有许多优点，但人员的选择范围比较狭窄，常常不能满足企业发展的需要，所以企业常采用各种外部招聘渠道。外部渠道突出的优势有：①能够打破思维定势，形成多元化的局面。企业通过从外部获取人才，充分借鉴外部人才的知识、技术和能力，补充和更新血液，形成人才多元化的局面和多角度的思维方式，突破发展的瓶颈。从外部招聘来的优秀技术人才和管理专家会给组织现有员工带来压力，激发现有员工的工作动力。外部招聘的人员来源广，选择余地大，企业能招聘到许多优秀人才。②能够树立公众形象，打造企业品牌。企业可以通过招聘活动，充分与外界交流，展示企业的风采，彰显企业的价值；借助招聘活动及营销策略，打造雇主品牌，从而在员工、客户或其他外界人士中树立良好的社会公众形象，吸引更多优秀人才的关注。

2. 内外招聘渠道的平衡关系

要想做到内外招聘渠道优势互补，需要从以下几方面考虑平衡两者关系：

第一，从企业的发展阶段和经营战略考虑。当企业处于迅速发展阶段，根据未来规模扩张和业务拓展的需要，很多岗位需要大批人才，内部的人才供给缺口很大，此时应选择外部渠道来获取所需人才。当企业处于发展成熟阶段，如果个别关键岗位人才空缺，且企业内部已经形成完善的培训机制和人员接替计划，则可通过内部招聘渠道获取。

第二，从企业现有的人力资源状况出发。企业人力资源管理部门在招聘前必须对企业现有人员从数量、质量、结构及潜能方面进行核查与评估，从而明确招聘需求；当现有的人才资源无法与空缺职位的任职资格良好匹配，且内部培训成本较高时，可采用外部招聘渠道获取人才。

第三，从企业所处的外部环境出发。外部环境包括人才市场建立与完善状况、行业薪资水平、就业政策与保障法规、区域人才供给状况、人才信用状况等。这些环境因素决定了企业能否从外部招聘到合适的人选。若企业所处区域的人才市场发达、政策与法规健全、有充足的供给、人才信用良好，在不考虑其他因素的情况下，外部招聘不仅能获得理想人选，而且快捷方便。

第四，从企业文化角度考虑。若企业文化崇尚多元、崇尚变革，那么企业在用人偏好上倾向于通过外部招聘来增加新鲜"血液"，鼓励新思想、新观点的产生，激发现有员工的活力，形成良性竞争。两种招聘方式在企业招聘渠道所占的比重就有所不同。

三、企业招聘流程

"招聘工作是人力资源部门为企业甄选适合相关岗位的优秀人才，为企业输入新鲜的血液，对人力资源管理部门来讲，做好人才的招聘工作是很非常重要的。"① 企业招聘流程一般有五个环节，即招聘计划的制定、招聘方式和渠道的选择、招聘中的甄选、录用决策、招聘活动的评估。

（一）招聘计划

招聘计划是企业在招聘工作正式开展前，对招聘工作的具体活动进行安排的过程。它涉及以下几方面内容：

1. 明确招聘条件

企业应依据人力资源规划，核查现有人员的需求与供给状况，对照工作说明书，明确需要招聘员工的数量、职位、类型、渠道、标准。

（1）招聘数量。企业可以根据招聘筛选金字塔模塑，确定实际录用到的一定数量的新员工，大致需要组织多大范围和多少人员参与区间的招聘活动。

（2）招聘职位。企业需要预知因实现经营发展战略而可能产生的空缺岗位（职位），明确岗位（职位）的具体名称、在组织中的级别、职务代码等。

（3）招聘类型。企业应该明确是雇佣长期相对固定的员工，还是采用短期、更为灵活的雇佣方式。

（4）招聘渠道。企业要选择从内部获取人才还是从外部获取人才，不仅要了解整个人力资源市场的情况，还要熟悉各种招聘渠道的特点及组合方式；在确定内外渠道之后，要认真选择招聘的方式。

（5）招聘标准。详细的工作说明书能够明确拟招聘人员的具体标准，包括学历资历、

---

① 李强. 小议企业招聘流程的优化策略［J］. 经贸实践，2017（11）：198.

工作经验、专业能力、个性品质、身体条件等。

2. 明确招聘的时间和地点

企业所确定的招聘时间的安排一般要比相关职位产生空缺的时间较早一些。企业选择在哪个区域空间开展招聘，一般要考虑潜在应聘者寻找工作活动的概率、企业所在地区及劳动力市场状况等因素。

3. 进行招聘经费预算

在执行招聘计划之前应对每一个环节的费用支出进行预算，保证招聘工作的正常进行。除了对参与招聘工作的有关人员提供工资报酬、劳务补贴之外，还需要投入广告费、考核费、差旅费、通信费、办公费等费用。

4. 拟定招聘活动的实施方案

编制招聘实施方案是开展招聘活动的基本依据。方案内容包括确定招聘工作小组的组成、制定招聘章程、确定考核方案和人员选聘的条件、拟定招聘宣传相关资料、规定招聘工作的进度安排等。

（二）人员招聘

企业在制定详细的招聘计划之后，下一步就需要进行人员招聘。人员招聘简单地说就是企业通过各种渠道发布招聘信息，最大可能地获取职位申请人。

人员招聘主要包括两个步骤：一是发布招聘信息，二是获取应聘者的相关资料。

完整的招聘信息包括以下内容：第一，工作岗位名称、工作职责。第二，完成工作所需的知识、技能和经验。第三，工作条件的简单描述。第四，基本的工作报酬。第五，招聘工作的截止时间。

应聘者在获悉企业招聘信息后，可以通过网上申请、指定地点报名、信函等多种方式与企业建立联系。企业通常采用填写申请表的形式来获取应聘者的个人信息，以便为下一步的甄选工作提供资料。

（三）人员甄选

人员甄选是指企业采用各种测试方式，对申请人的教育背景、知识经验、技术能力、人格特征与职位的胜任资格进行系统、客观的测量，评价匹配程度，从而作出录用决策。（详细内容见本章第二节。）

（四）人员录用

企业通过人员甄选，作出初步录用决定后，接下来要对这些入选者进行背景调查和健康检查，合格者与企业签订试用协议，经过试用后，录用为正式员工。

（五）招聘评估

招聘评估是企业在招聘活动中需要及时进行且非常重要的环节。通过对招聘过程和招聘结果的双重评估，企业能发现招聘过程的规律，从而不断改进招聘方式，使招聘工作更加有效。

第二节　企业人员的选拔

选拔，也称甄选、筛选，其目标是从应聘的候选人中挑选出符合组织需要的人员。人员选拔是招聘工作中最关键的一步，也是技术性最强的一步。其主要方法是初步筛选、面试、测试及评价中心技术。

一、初步筛选

初步筛选一般在接受应聘材料的同时和以后很快完成。所以，筛选的要求是快速、准确、简单。为此，常用的初步筛选办法是利用手头的与应聘人员相关的书面材料对其中的客观信息进行分析和判断。

初步筛选的依据一般是掌握的书面材料。常用的书面材料有求职者自荐材料、职位申请书等。前者由求职者制作和填写，后者由组织制作求职者填写。二者内容相似，一般包括：个人识别信息，如姓名、年龄、性别、出生地、现工作单位、通信地址、电话号码、电子邮件信箱等；教育水平信息，如最高学历、毕业学校、专业、职称、外语水平、受过何种训练等；工作背景信息，如曾工作过的年限、单位、曾担任过的职位、有何工作经验和特长等；个人爱好信息，如个人兴趣爱好、业余生活等；其他信息，如家庭状况、应聘何种职位，以及其他企业需要了解的信息。

对各类书面材料的筛选办法基本相同。其中，求职者的自荐材料由求职者本人事先制作好、主动提交过来，往往可以用作人事决策的依据和证据。但是，比较可靠的信息，还应该是诸如学历、性别、年龄等此类客观的硬信息。那些主观自我陈述式信息如自荐信等可以用来参考。职位申请书与自荐材料有很多的相似之处，筛选方法也类似。这样就把在客观的"硬信息"方面不符合的人淘汰掉，让其他人进入后面的选拔程序。

二、面试

"面试是指在特定的时间和地点，由面试考官和应聘者按照预先设计好的目的和程序，进行面谈、相互观察、相互沟通的过程。"① 面试能够客观了解应聘者的业务知识水平、外貌风度、工作经验、求职动机、语言表达能力、反应能力、个人修养、逻辑思维能力、性格特征、承受压力的能力等。面试的应用是最普遍的。

（一）面试的类型划分

1. 按照面试所达到的效果分类

按照面试所达到的效果分类，分为初步面试、诊断面试。

（1）初步面试：是用来增进用人单位与应聘者的相互了解的过程。重点在于让应聘者有机会对其书面材料进行补充。

（2）诊断面试：是对经初步面试筛选合格的应聘者进行实际能力与潜力的测试。侧重了解应聘者的表达能力、交际能力、应变能力、思维能力、个人工作兴趣与期望等。

2. 按照参与面试的人员来分类

按照参与面试的人员来分类，分为个别面试、小组面试、集体面试。

（1）个别面试（一对一）：面试人员与应聘者一对一、面对面地交谈。

（2）小组面试（多对一）：二三个人组成面试小组对各个应聘者分别进行面试。

（3）集体面试（多对多）：是由面试小组对若干应聘者同时进行面试。由面试主考官提出一个或几个问题。应聘者在讨论中展现表达能力、思维能力、组织领导能力、解决问题的能力、交际能力等。集体面试形式更便于横向比较。

3. 按照面试问题的结构化程度划分

按照面试问题的结构化程度，分为结构化面试、非结构化面试和混合式面试

（1）结构化面试：提前制定好所提问的全部问题，一一提问；面试问题之间会有很强的逻辑关联，面试过程较为正式、严肃、规范。结构化面试的优点是效率较高，了解情况

---

① 魏迎霞，李华. 人力资源管理 [M]. 开封：河南大学出版社，2017：95.

全面；缺点是程式化，不够灵活。

（2）非结构化面试：随机发问，无固定的提问程式，主要靠考官现场发挥，所以，随意性更大。非结构化面试可以有针对性，能了解特定情况，但往往缺乏全面性，效率较低，如果考官有很高的现场技巧，则会收到很好的效果。

（3）混合式面试：结构化面试与非结构化面试的结合，取长避短。现实中的混合式面试大多是先结构化面试，后非结构化面试。

4. 按照面试的组织形式来分类

按照面试的组织形式来分类，分为压力面试、BD面试、情景面试。

（1）压力面试：是指有意制造紧张，以了解应聘者对压力的承受能力、在压力前的应变能力和人际关系能力。其方式多通过提出生硬的、不礼貌的问题故意使候选人感到不舒服，针对某一事项或问题做一连串的发问，打破砂锅问到底，直至无法回答。

（2）BD面试，即行为描述面试（Behavior Description Interview）：是基于行为的连贯性原理发展起来的，通过询问应聘者过去的工作经历判断和预测其行为模式和未来绩效水平。行为面试是一种能有效排除个人的主观因素，以行为依据、以目标为导向的有效选才工具。行为面试通过面试者的行为描述来判断其背后的品行、思想，准确率较一般的面试方法要高。通过行为面试，能了解到应聘者的品行是否与岗位要求吻合，深入探索应聘者的动机和兴趣点。

（3）情景面试：又叫情景模拟面试或情景性面试等，是结构化面试的一种特殊情况，它的题目主要由一系列假设的情景构成，通过评价应聘者在这些情况下的反应情况，对面试进行评价。

情景面试主要考查应聘者的思维灵活性与敏捷性、语言表达能力、沟通技能、处理冲突的能力、组织协调能力、人际关系处理能力及对职位角色把握能力等。

（二）面试程序

面试一般可分为三个阶段：即面试前的准备阶段、面试实施阶段和面试总结阶段。

1. 准备阶段

面试工作的顺利开展应以充分的准备为前提，一般情况下，面试前应做如下准备工作：首先，根据招聘岗位的任职要求，明确面试的目的，即对应聘者做哪些判断，是仪容仪表，还是沟通能力、专业能力等；其次，需要根据面试目的选择面试人员和培训面试人员；再次，面试人员需要认真阅读应聘者的相关材料，设计面试提纲和结构化面试问题；

另外，还需要确定面试的时间、布置面试现场和制作面试评价表。

2. 实施阶段

面试实施一般包括：关系建立、导入问题、核心问题和结束面试四个环节。

面试的开始，即关系建立阶段，要努力创造一种轻松的面谈气氛，解除应聘者的紧张和顾虑。常用的方法是和应聘者寒暄、致以问候、保持微笑、姿势放松等。

面试问题，一般先易后难，即先由容易的问题开始，即导入问题阶段。这些问题一般可以从简历中获取，比如，通常以自我介绍开始，以及大学所学课程介绍、个人兴趣爱好等常规问题，也可以提一些封闭性问题（只需回答是或不是）。

面试的核心阶段就是根据面试目的，所要判断的核心内容，如专业能力、人格特征、团队精神、求职动机等。

面试人员与应聘者交流完相应的问题，无论应聘者是否适合其岗位，都应在友好的气氛中结束，并告知应聘者面试结果通知的时间及方式。

3. 总结阶段

面试交流完之后，面试人员应立即整理面试记录，并填写面试评价表，核对有关材料，作出总体评价意见。

(三) 面试的优点与缺点

1. 面试的主要优点

（1）方式灵活、适应性强。面试方式非常灵活，可以采用结构化面试也可以使用非结构化面试，可以一对一的面试也可以小组面试、集体面试，另外还可以采用行为面试、情景面试等；面试既可以获得仪容仪表方面的信息，也可以获得语言表达、专业能力、人际能力、心理素质等多方面的信息，既可以用于基层工作人员的筛选，也可以用于高层管理人员、技术人员的筛选，适应性很强。

（2）信息具有复合性。面试是通过问答的形式进行交流的，在面谈中，面试人员除了根据应聘者的回答内容作出判断之外，还可以根据应聘者的体态语言作出判断。面试中的体态语包括：手势、身势、面部表情、眼色、人际空间位置等一系列能够揭示内在意义的动作。这样，面试人员就可以通过问、听、观等多种信息的综合对应聘者作出比较准确的判断。

（3）交流的直接互动性，可以双向交流。面试中应聘者的回答及行为表现与面试人员的评判是相连接的，中间没有任何转换形式；面试中面试人员与应聘者的接触、交谈、观察是相互的，是面对面进行的，应聘者没有时间充分思考后再作答，所以在一定程度上避免了回答的非真实性，效度较高。面试可以有效地避免高分低能者或冒名顶替者人选。

2．面试的缺点表现

面试的缺点主要表现在以下几个方面：一是花费时间相对较长，因为面试相比起笔试来说，不能同时大规模地进行，效率较低，花费的时间也较长；二是费用相对较高，因为面试可能会涉及面试人员的差旅费、专家培训费以及招待费等；三是主观性高，可能存在各种偏见，因为面试中接受的信息较多，受到的干扰也较多，加之面试评分标准往往也不够客观；四是面试结果不容易量化比较。

（四）面试实施及其提问技巧

第一，充分准备。面试顺利有效进行，准备工作很重要，因此，在准备阶段应明确面试目的、面试提纲、面试问题、评价标准、对面试人员进行培训等。

第二，多听少说。面试中尽量营造轻松的氛围，较多采用的是开放式的提问，通过让应聘者多讲了解应聘者。另外，面试人员通过多听少说，分析求职者回答了什么和怎么回答，进一步判断求职者的特征。再者，面试中面试人员讲得多了容易暴露自己的观点和想法，应聘者了解你的倾向会迎合你，掩盖他的真实想法。

第三，递进提问。递进提问反映了问题之间的紧密关联性。可以从求职者工作经历、技能、成果、工作动机、个人兴趣等相关问题和陈述中就某一方面的信息进一步提问，给应聘者更多的发挥余地，能更加深入了解应聘者的能力和潜力。先易后难、灵活提问，深入地了解应聘者。

第四，比较式提问。比较式提问是主考官要求应聘者对两个或更多的事物进行比较分析，以了解应聘者的分析问题的能力。例如，你在以往的工作经历中，你印象最深的一件事情是什么？

第五，举例提问。举例提问可以有效地设置行为和情景，通过回答可以分析求职者解决实际问题的能力。例如，"领导请你协助处理一件很棘手的事情，你怎么处理领导交办事情与自己手头的事实的关系？"

第六，非语言行为，非语言行为能够帮助判断，如坐姿笔直——自信、果断，抬一下眉毛——怀疑、吃惊，头无意识地微微摇动——说谎。

三、测试

测试，也称测评，是一种科学的测量方法，它是通过调查、问卷、面谈、模拟、民意测验等多种综合的方法对人员的能力、性格、态度、素质、智力水平、工作绩效等方面进行综合的评定，这种评定以定量和定性相结合为特征。

招聘测试分三种类型：一是能力测试，判断是否能胜任应聘岗位；二是个性测试，判断与应聘岗位是否匹配；三是职业兴趣测试，判断与应聘岗位是否匹配。

（一）笔试（测试的一种方法）

笔试（Written Test）是一种古老的人力资源测评方法。在招聘工作中，笔试是让应聘人员在事先设计好的试卷上笔答，然后根据应聘者解答的正确程度评定成绩的选拔方法。笔试可以有效地测量应聘人的基本知识、专业知识、管理知识、综合分析能力、语言理解能力、文字表达能力、阅读能力、记忆能力等。这些能力是很多岗位上任职者的资格要求，所以，笔试的应用很广泛，另外，笔试的操作具有一次设计、多人同时使用、人均成本低的优点，所以，笔试一般放在选拔过程的前期使用。

笔试优点：笔试一般设计的题较多、对知识考核全面，可以大规模进行，效率高，人均成本较低；而且，相比起面试应聘者心理压力较小，容易发挥正常；另外，笔试评分标准更明确，成绩评定较为客观。

笔试缺点：不直观，不能全面考察求职者工作态度、品行修养及组织管理能力、口头表达能力和操作技能；不能排除作弊和偶然性。

（二）能力测试

能力测试用于衡量应聘者是否具备完成职位职责所要求的能力，一般包括知识测试、专业技能测试、智力测试及情商测试。

第一，知识测试。知识是以概念及其关系方式存储和积累下来的经验系统，是从事工作的最基本的基础之一。知识测试一般包括一般知识（常识性的，如计算机知识、数学知识、外语知识、语文知识）和专业知识（如营销知识考试、财会知识考试、法律知识），多以笔试的形式进行^

第二，专业技能测试。专业技能是以动作活动的方式固定下来的经验系统，如汽车驾驶、车床操作、打字、演讲、营销等，多以技能操作测试的形式进行。

第三，智力测试。智力是指人认识、理解客观事物并运用知识、经验等解决问题的能力，包括记忆、观察、想象、思考、判断等。一般认为智力高的人学习能力强，创造力强。智力包括观察能力、记忆能力、想象能力、思维能力等。智力测试多通过算术、联想、推理、逻辑试题进行测试等。常用的智力测量工具有斯坦福−比纳智力量表、韦克斯勒成人智力量表等。

第四，情商测试。情商，即情绪商数（Emotional Quotient），简称 EQ，主要是指人在情绪、意志、耐受挫折等方面的品质，反映个体的社会适应性。情商测试多是通过量表的形式进行测试，也可以通过面试的形式进行测试。

（三）个性测试

个性是指一个人具有的独特的、稳定的对现实的行为方式，具有整体性、独特性和稳定性等特点，主要用于判断候选人的个性特点。它包括个人的动机、爱好、兴趣、感情、态度、性格、气质、价值观等各种与社会行为有关的心理特质的总和。

个性对于个体的职业成功来说是很重要的，它能渗透到所有的工作活动中，影响行为方式、做事风格和工作绩效。

个性测验的主要有三种方法：一是自陈式量表法，如 16PF；二是投射测验，例如，句子完成测验；三是笔迹测试。

（四）职业兴趣测试

职业兴趣是指人们对具有不同特点的各类职业的偏好，即被试喜欢从事什么样的职业，被试的这一态度在很大程度上影响员工在职位上的绩效和离职率。

美国学者约翰·霍兰德（John Holland）于 1959 年提出了具有广泛社会影响的职业兴趣理论。他认为人的性格类型、兴趣与职业密切相关，兴趣是人们活动的巨大动力，凡是具有职业兴趣的职业，都可以提高人们的积极性，促使人们积极地、愉快地从事该职业，而且，职业兴趣与性格之间存在很高的相关。

四、评价中心技术

评价中心技术是近年来新兴的一种选拔管理人员和专业人才的人员甄选方法，它采用情景性的测试证明方法对被试的特定行为进行观察和评价。

评价中心是一种综合性的人员评价方法。一般来说，它由几种选择测试的方法组合而成，利用现场测验或者演练，由评估人员观察候选人的具体行为能力，给出评价，评价中心具有较高的信度和效度，得出的结论质量较高，但与其他测评方法比较，评价中心需投入很大的人力、物力，且时间较长，操作难度大，对测试者的要求很高。

评价中心技术主要是针对中高层管理人员。原因是中高层管理人员对企业较为重要，决策失败代价高和管理工作复杂。

比较经典的评价中心技术包括公文筐处理、无领导小组讨论、角色扮演、管理游戏等；其他的技术如案例分析、演讲、事实搜寻、情景面谈等也常常结合具体的实际需求加以应用。下面简单介绍四种经典评价中心技术的基本概念与操作。

（一）公文筐处理法

公文筐处理法，主要测评个人自信心、组织领导能力、计划安排能力、书面表达能力、分析决策能力、承担风险倾向与信息敏感性等。

公文筐处理法，就是给每一位被测试者发一套文件，要求求职者在特定的时间内处理完毕。通常，文件是根据实际的文件虚拟编写，包括各种报告、请示、计划、预算，同级部门的备忘录，上级的指示、批复、规定、政策，外界用户、供应商、银行、政府有关部门乃至所在社区的函电、传真、电话记录，甚至还有群众检举或投诉信等各种文件。处理结果将交由测评组，按既定的考评维度与标准进行定量式的评分。

（二）无领导小组讨论法

无领导小组讨论法，就是通过一定数目（5~9人）的考生组成一组，进行一小时左右的与工作有关问题的讨论，讨论过程中不指定谁是领导。观察每人在讨论中的表现予以评分。无领导小组讨论主要用于测评求职人员的主动性、宣传鼓励和说服力、口头沟通能力、组织能力、人际协调团结能力、精力、自信、出点子与创新力、心理压力耐受力等。

1. 无领导小组讨论流程

第一阶段：考生了解试题，独立思考，列出发言提纲，一般限时5分钟；

第二阶段：考生轮流发言阐述自己的观点，一般限时3分钟；

第三阶段：考生交叉讨论，继续阐释自己观点，或对别人的观点提出不同的意见，并最终对问题达成共识，达成小组一致意见，一般限时40分钟；

第四阶段：大家推选一名考生，做最后总结陈述，一般限时5分钟。

2. 无领导小组讨论主题

无领导小组讨论主题一般与工作相关，主要有以下几种类型：

（1）开放问题，例如：你认为什么样的领导是好领导？

（2）两难问题（争议问题），例如：你认为以工作为取向的领导是好领导还是以人为取向的领导是好领导？

（3）多项选择问题（排序问题），例如：列出七件现在需要为百姓办的实事，选出三件认为最重要的上报市长。

（三）角色扮演

角色扮演又称模拟作业，仿真测评或模拟测验，它是设置一定的模拟情景，让被测评者扮演一定的角色，在模拟的情景中，按照考官的要求完成一个或一系列的任务和活动，从而测评其在拟聘岗位工作上的实际能力和水平。

测评者通过对应试者在扮演不同角色时表现出来的行为进行观察和记录，测试应试者的素质和潜能。

在角色扮演中，主试对受测被试的行为表现一般从以下几个方面进行评价：第一，角色适应性。被试是否能迅速地判断形势并进入角色情景，按照角色规范的要求采取相应的对策行为。第二，角色扮演的表现。包括被试在角色扮演过程中所表现出来的行为风格、人际交往技巧、对突发事件的应变能力、思维的敏捷性等。第三，其他。包括被试在扮演指定的角色处理问题的过程中所表现出来的决策、问题解决、指挥、控制、协调等管理能力。

（四）管理游戏

管理游戏是一种以完成某项或某些"实际工作任务"为基础的标准化模拟活动，通过活动观察和测评被试实际的管理能力。因为模拟的活动大多要求被试通过游戏的形式进行，并且侧重评价被试的管理潜质，管理游戏因此得名。

在管理游戏测评中，受测被试置身于一个模拟的工作情境中，面临着一些管理中常常遇到的各种现实问题，要求想方设法加以解决。同公文筐处理法类似，管理游戏中涉及的管理活动范围也相当广泛，可以是市场营销管理、财务管理，也可以是人事管理、生产管理等。在测评过程中，主试常常会以各种角色身份参与游戏，给被试施加工作压力和难度，使矛盾激化、冲突加剧，目的是全面评价被试的应变能力、人际交往能力等素质特征。

第三节 企业人员的培训

一、培训的基本知识

在当今这个知识更新速度不断加快、经济快速发展的时代，变化成为企业发展永恒的主题。那么适应这种变化的环境则是企业生存和发展的首要任务，而培训与开发正在成为企业增强应变能力的必要手段。

（一）培训的含义及意义

1. 培训的含义理解

在人力资源管理中，培训与开发是经常一起被使用的两个概念，很多情况下被统称为培训。实际上，两者在内涵上是有差异的。培训是使员工在自己现在或未来工作岗位上的工作表现达到组织的要求而进行的培养及训练。这些能力包括知识、技能和对工作绩效起关键作用的行为。开发着眼于长远目标，是指员工为今后发展所进行的一系列培训活动，包括正规教育、在职实践、人际互动以及个性和能力的测评等活动。它可以帮助员工更好地适应新技术、市场和工作变化带来的挑战，提高员工向未来职位流动的能力和员工的可雇佣性。它强调的是一种面向未来的人力资本投资活动。

在传统意义上，培训侧重于近期目标，重心放在提高员工当前工作的绩效，受训者掌握当前岗位所必需的知识、能力、技巧及工作的步骤和过程，以提高工作的质量和效率，故员工培训具有一定的强制性；开发则侧重于培养提高管理人员的有关素质（如创造性、综合性、抽象推理、个人发展等），帮助员工为企业的其他职位做准备，提高其面向未来职业的能力，同时帮助员工更好地适应由新技术、工作设计、顾客或产品市场带来的变化，开发活动只是对认定具有管理潜能的员工。因此，传统观念认为培训的对象就是员工与技术人员，而开发的对象主要是管理人员。但两者的目的都在于提高员工各方面的素质，使之适应现职工作或未来发展的需要。随着培训的战略地位的凸显，培训将越来越重要，涉及的内容也越来越多。可以说，开发是更广泛意义上的培训。

2. 培训的意义体现

企业在面临全球化、高质量、高效率的工作系统挑战中，培训显得更为重要。培训使员工的知识、技能与态度明显提高与改善，由此提高企业效益，获得竞争优势。可以说，培训是企业最有价值的投资。培训还是一种双赢投资，即培训不仅通过员工自觉性、积极性、创造性的提高而增加企业产出的效率和价值使企业受益，而且增强员工本人的素质和能力，使员工受益。故有人说，培训是企业送给员工的最佳礼物。具体来讲，培训的重要意义主要体现在以下几方面：

第一，能提高员工的职业能力。员工培训的直接目的就是要发展员工的职业能力，使其更好地处理现在的日常工作及未来的工作任务。在能力培训方面，传统上的培训重点一般放在基本技能与高级技能两个层次上，但是未来的工作需要员工更广博的知识，培训员工学会知识共享，创造性地运用知识来调整产品或服务的能力。同时，培训使员工的工作能力提高，为其取得好的工作绩效提供了可能，也为员工提供更多晋升和较高收入的机会。

第二，有利于企业获得竞争优势。面对激烈的国际竞争：一方面，企业需要越来越多的跨国经营人才，为进军世界市场做好人才储备工作；另一方面，员工培训可提高企业新产品研究开发能力，员工培训就是要不断培训与开发高素质的人才，以获得竞争优势，这已为人们所共识。尤其是人类社会步入以知识经济资源和信息资源为重要依托的新时代，智力资本已成为获取生产力、竞争力和经济成就的关键因素。企业的竞争不再依靠自然资源、廉价的劳动力、精良的机器和雄厚的财力，而主要依靠知识密集型的人力资本。员工培训是创造智力资本的途径。智力资本包括基本技能（完成本职工作的技术）、高级技能（如怎样运用科技与其他员工共享信息、对客户和生产系统了解）以及自我激发创造力。因此，这要求建立一种新的适合未来发展与竞争的培训观念，提高企业员工的整体素质。

第三，有利于改善企业的工作质量。工作质量包括生产过程质量、产品质量与客户服务质量等。毫无疑问，培训使员工素质、职业能力提高并增强，将直接提高和改善企业工作质量，培训能改进员工的工作表现，降低成本；培训可增加员工的安全操作知识；提高员工的劳动技能水平；增强员工的岗位意识，增加员工的责任感，规范生产安全规程；增强安全管理意识，提高管理者的管理水平。因此，企业应加强对员工敬业精神、安全意识和知识的培训。

第四，有利于高效工作绩效系统的构建。在 21 世纪，科学技术的发展导致员工技能和工作角色的变化，企业需要对组织结构进行重新设计（如工作团队的建立）。今天的员工已不是简单接受工作任务，提供辅助性工作，而是参与提高产品与服务的团队活动。在团队工作系统中，员工扮演许多管理性质的工作角色。他们不仅具备运用新技术获得提高客户服务与产品质量的信息、与其他员工共享信息的能力；还具备人际交往技能和解决问题的能力、集体活动能力、沟通协调能力等。尤其是培训员工学习使用互联网、全球网及其他用于交流和收集信息工具的能力，可使企业工作绩效系统高效运转。

第五，满足员工实现自我价值的需要。在现代企业中，许多员工工作更重要的目的是为了"高级"需求——自我价值实现，尤其是企业的核心员工，更看重自我价值的实现。而培训可以不断教给员工新的知识与技能，使其能适应或能接受具有挑战性的工作与任务，实现自我成长和自我价值，这不仅使员工在物质上得到满足，而且使员工得到精神上的成就感。这样就可以极大地激励这部分员工，提高工作积极性。

（二）员工培训的内容

合理确定员工培训的内容，对于实现培训的目标，提高组织绩效具有至关重要的意义。在组织中员工培训是围绕工作需要和提高工作绩效展开的，而从大的方面来说，影响工作绩效的因素可分为三类：一是员工所掌握的知识，包括理论知识和业务知识；二是员工的业务技能；三是员工的工作态度、心理素质及企业文化。实际上，这三类因素也就构成了员工培训的内容结构。

1. 知识培训

与工作有关的各方面的知识是员工培训的首要内容，组织应通过各种形式的培训使员工学习和掌握相关知识。内容主要包括：①一般知识：通用性较强的知识，如计算机、外语、应用文写作、数学等方面的知识；②业务知识：与企业所处行业、与工作相关的知识，如证券公司的会计，要培训金融、证券、会计、经济法和税法等方面的知识以；③管理理论知识：如管理学、市场营销学、企业战略管理、财务管理、生产管理、人力资源管理、组织行为学等知识。

2. 技能培训

员工从事本职工作需要掌握熟练的业务、人际交往等技能，这些技能除了通过平时自学之外，主要通过培训取得。这些技能主要包括：各项业务操作技能即技术技能、处理人事关系技能即人际技能、谈判技能、计算机运用技能、基本的文秘技能、管理技能等。对于从事不同性质的工作和不同职级层次的一般员工和管理人员来说，技能培训的内容是各有侧重的。

根据管理学的一般原理，对管理人员来说，其中高层管理人员最需培训的是决策能力、改革创新能力、灵活应变能力等；而对中层和基层管理人员则主要侧重人际交往能力和技术能力的培训，如业务操作、人际关系处理等。

3. 态度、企业文化培训和心理素质

态度是影响工作绩效的重要因素，而员工态度能否转变以适应组织文化和工作需要又主要取决于培训，特别是对新进员工来说，态度培训尤其重要。员工态度是指员工的工作态度，当然也包括员工的工作士气、精神状态、团队精神、责任心、事业心、敬业精神等。

一般来说，每一个组织都有其特定的组织文化氛围以及与此相适应的行为方式，如价值观、组织精神（如团队精神、敬业精神等）、人际关系等。要想最大限度地提高组织的运转，必须使全体员工认同并融入这一氛围之中，因此，企业对员工应进行企业文化培训，尤其是对新员工。组织文化培训一般包括组织基本情况、规章制度及组织价值观念等。组织应通过组织文化培训，培养员工对组织文化的认同并逐渐融入，建立组织与员工以及员工与员工之间的相互信任感，培养员工的团队精神，培养员工的价值观和对组织的归属感、荣誉感，培养员工对组织的忠诚等。

员工的心理素质也会影响其工作态度及工作质量，如自信心、意志力、韧性、自制力、思想品德等情况。

上述三方面的内容是培训内容的基本概括。实际上，每一方面的内容都可以进行具体的细分，比如在技能培训方面，就可以细分为最高层管理人员技能培训、管理技能培训、主管技能培训、职业技能培训及营销技能培训、健康技能培训、新员工上岗技能培训等。

（三）企业员工培训的主要特点

企业员工培训的对象是在职人员，其性质属于继续教育的范畴，与正规教育相比，企业员工培训的特点表现在如下几个方面：

第一，培训对象的广泛性和复杂性。培训对象广泛性指员工培训的网络涉及面广，不仅决策层管理者需要培训，而且一般员工也需要受训；员工培训的内容涉及企业当前的经营活动和将来需要的知识、技能以及其他问题，而培训的对象是成人，他们的年龄、学历、专业、价值观、兴趣、接受能力及精力与时间等存在不同程度的差异，这种差异决定了他们的学习动机的复杂性、兴趣志向的多样性。

第二，培训内容的层次性、多样性和实用性。层次性，即指员工培训网络的深度，也是培训网络现实性的具体表现。不仅企业战略不同，培训的内容及重点不同，而且不同知识水平和不同需求的员工，所承担的工作任务也不同，知识和技能需求各异。一般人员主要应根据本员工工作的需求，加强基础知识的学习，掌握本职工作必须具备的基本技能，解决基础知识、技能掌握欠缺的问题。中层人员主要解决拓宽技术知识面和管理沟通的问题，实现一专多能。高层人员则侧重于通过培训活动，及时掌握国内外同行业的最新成就和发展动向，提高决策和应变能力。现代企业对人的素质要求越来越高，这就使得培训的内容越来越多，不再仅仅是基本操作知识与操作技能，还包括人际交往能力、敏感性、企业文化及团队精神与意识等多项内容。实用性，即指员工的培训投资应产生的一定回报。员工培训系统要发挥其功能，即培训成果转移或转化成生产力，并能迅速促进企业竞争优势的发挥与保持。首先，企业应设计好的培训项目，使员工所掌握的技术、技能、更新的知识结构能适应新的工作。其次，应让受训者获得实践机会，为受训者提供或其主动抓住机会来应用培训中所学的知识、技能和行为方式。最后，为培训成果转化创造有利的工作环境，如构建学习型组织（一种具有促进学习能力、适应能力和变革能力的组织）。

第三，培训时间的长期性与速成性。长期性和速成性，即指随着科学技术的日益发展，人们必须不断接受新的知识，不断学习，任何企业对其员工的培训将是长期的，也是永恒的。员工学习的主要目的是为企业工作，所以培训一般针对性较强，周期短，具有速成的特点。许多培训是随着经营的变化而设置的，如为改善经济技术指标急需掌握的知识和技能以及为掌握已决定进行的攻关课题、革新项目急需的知识和技能，为强化企业内部管理急需掌握的管理基本技能等。

第四，培训网络的协调性。员工培训网络是一个系统工程，它要求培训的各环节、培训项目应协调，使培训网络运转正常。首先要从企业经营战略出发，确定培训的模式、培训内容、培训对象；其次应适时地根据企业发展的规模、速度和方向，合理确定受训者的总量与结构；最后还要准确地根据员工的培训人数，合理地设计培训方案、培训时间、地点等。

第五，培训形式的灵活性和多样性。培训形式和方法应该灵活、多样，不应追求统一模式，而决定取舍的原则就是符合实际需要。在时间上，应可长可短，既有短期培训，也有长期培训；在培训组织上，既应有岗前培训，也应包括岗位培训、转岗培训、在职培训与脱产培训等；在培训地点上，既应有在国内的培训，也应有出国考察或进修培训；在培训时段上，既有定期培训，也有非定期的临时培训等；在培训方法上，既应包括讲座、视听教学、电脑辅助教学（电子学习、远程学习）、讨论会或研讨会等，也应包括角色扮演、户外拓展训练、敏感性训练、行为模仿等，做到因材施教、因需施教，并充分发挥员工的主动性和积极性，增强培训效果。

（四）企业培训的基本原则

为了保证培训的方向不偏离组织预定的目标，企业必须制定基本原则，并以此为指导。具体包括以下几个方面：

一是战略原则。企业必须将员工的培训与开发放在战略的高度来认识。员工培训有的能立竿见影，很快会反映到员工工作绩效上；有的可能在若干年后才能收到明显的效果，尤其是对管理人员的培训。因此，许多企业将培训看成是只见投入不见产出的"赔本"买卖，往往只重视当前利益，安排"闲人"去参加培训，而真正需要培训的人员却因为工作任务繁重而抽不出身，结果就出现了所学知识不会用或根本不用的"培训专业户"，使培训真正变成了只见投入不见产出的"赔本"买卖。因此，企业必须树立战略观念，根据企业发展目标及战略制定培训规划，使培训与开发与企业的长远发展紧密结合。

二是学以致用原则。员工培训应当有明确的针对性，从实际工作的需要出发与职位特点紧密结合，与培训对象的年龄、知识结构、能力结构、思想状况紧密结合，目的在于通过培训让员工掌握必要的知识与技能以完成规定的工作，最终为提高企业的经济效益服务。只有这样培训才能收到实效，才能提高工作效率。

三是知识技能培训与企业文化培训兼顾的原则。培训与开发的内容，除了文化知识、专业知识、专业技能的培训内容外，还应包括理想、信念、价值观、道德观等方面的培训内容。而后者又要与企业目标、企业文化、企业制度、企业优良传统等结合起来，使员工在各方面都能够符合企业的要求。

四是全员培训与重点提高的原则。全员培训就是有计划、有步骤地对在职的所有员工进行培训，这是提高全体员工素质的必经之路。为了提高培训投资的回报率，培训必须有重点，即对企业发展有着重大影响的核心员工，如管理和技术骨干，特别是中高层管理人员，再者就是有培养前途的梯队人员，更应该有计划地进行培训与开发。

五是培训效果的反馈与强化原则。培训效果的反馈与强化是不可缺少的重要环节。培训效果的反馈指的是在培训后对员工进行检验，其作用在于巩固员工学习的技能、及时纠正错误和偏差，反馈的信息越及时、准确，培训的效果就越好。强化则是指由于反馈而对接受培训人员进行的奖励或惩罚。其目的一方面是为了奖励接受培训并取得良好绩效的人员，另一方面是为了加强其他员工的培训意识，使培训效果得到进一步强化。因此，组织必须把人员培训与人员任职、晋升、奖惩、工资福利衔接起来。当员工受训完毕后，组织应以相应的报酬来增强其士气；当员工有好的表现时，组织应为其提供晋升或加薪的机会。这样对学习自然有相当好的激励作用，使员工明白培训的目的；并且意识到接受培训对自己会有很大的益处。这样做不但培训效果好，而且还可以提高员工的士气，进一步调动员工的积极性、主动性和创造性。

六是因材施教的原则。由于组织的岗位繁多，差异很大，而且人员的水平不同，因此，不能采取普通教育"齐步走"的模式，只能遵循因材施教的原则。也就是说，要针对每个人员的实际水平和所处岗位的要求开展人员培训。

二、企业培训系统模型

为确保培训支持组织目标的实现，有必要将系统的观点纳入这一过程，将员工培训视为一个系统，让其中的每一个环节都能实现员工个人及其工作和企业三方面的优化。企业培训与开发系统模型显示了企业培训系统是由确定培训需求、制订培训计划、实施培训计划、培训成果转化和培训效果评估五个环节构成的一个循环过程。

（一）培训需求分析

在展开培训活动之前，应首先对员工进行需求分析。所谓确定培训需求是组织对员工在工作中被要求表现和实际表现之间是否存在差距进行确定。

培训需求分析应从三个方面着手，即组织分析、任务分析和人员分析。

1. 组织分析

组织分析的目的是预测组织未来对知识与技能的需求，判断培训与公司的经营战略和资源是否相适应，管理者和员工对培训是否支持，以便它们能将培训中学到的技能、行为等方面的信息运用到实践中去。这里需要分析以下三个问题。

第一，预测组织未来对知识与技能的需求。从战略发展高度预测企业未来在技术、销售市场及组织结构上可能发生什么变化，对人力资源的数量和质量的需求状况进行分析，确定适应企业发展需要的员工能力。

第二，分析管理者和员工对培训活动的支持态度。大量研究表明员工与管理者对培训的支持是非常关键的。培训成功关键要素在于：受训者的上级、同事对其受训活动要持有积极态度，并同意向受训者提供关于如何将培训所学的知识运用于工作实践中去的信息；受训者将培训所学习的知识运用于实际工作之中的概率等。如果受训者的上级、同事对其受训不支持，培训成果应用的概率就不大。

第三，分析培训资源。对企业的培训费用、培训时间及培训相关的专业知识等培训资源的分析。企业可在现有人员技能水平和预算基础上，利用内部咨询人员对相关的员工进行培训。如果企业缺乏必要的时间和专业能力，也可以从咨询公司购买培训服务。目前已有越来越多的企业通过投标的形式来确定为本企业提供培训服务的供应商或咨询公司。

组织分析的资料来源主要有宏观的经济发展数据、国家的法规政策、产业政策、组织的战略目标与经营计划、组织生产方面的统计、人事统计等。可采用的方法有资料分析、问卷调查、座谈及直接咨询等。

2. 任务分析

任务分析是对组织工作层面的分析，主要决定培训内容应该是什么。任务分析用以帮助员工准确、按时地完成任务。任务分析的结果是有关工作活动的详细描述，包括员工执行任务和完成任务所需的知识、技术和能力的描述。

这里对工作任务的分析并不同于工作分析，主要研究怎样具体完成各自所承担的职责和任务，即研究具体任职者的工作行为与期望的行为标准，找出其间的差距，从而确定员工为了实现有效的工作业绩必须学什么的过程。

任务分析可以通过工作分析、调查表、群体讨论、现场考察、工作日志等方法获得信息。

3. 人员分析

人员分析是确定哪些人需要培训和培训的具体内容。具体说来，就是要通过分析实际绩效与预期绩效的差距，发现员工实际掌握的知识、技能和态度与实现组织期望目标所需要的知识、技能和态度之间的差距，并通过分析这一系列影响员工绩效的因素，找出存在差距的原因。

在人员分析的过程中，既要弄清工作绩效不佳的原因是知识、技术、能力的欠缺（与培训有关的事宜）还是属于个人动机或工作设计方面的问题，以此确定是否有必要进行培训、谁需要接受培训以及培训的材料、形式和内容等，同时让员工做好接受培训的准备。

人员分析可采用通过绩效评估、绩效面谈、调查表、工作抽样、面谈及员工的职业生涯设计等方法获得信息。

（二）制订培训计划

培训是一项复杂的工作，如果效果不好，不但会浪费企业的财力、物力，更浪费员工的时间、精力。所以，任何一项培训，都要有一个充分的计划。仓促上阵、临场发挥不可能收到好的效果。

1. 计划的内容

培训计划的内容一般可分为六项，通常用"5W1H+1C"表示，Why：培训的目的和目标；Who：培训对象和培训师；When：培训时间安排；What：培训内容；Where：培训地点；How：培训方法与评估方法；Cost：培训费用预算。

在"5W1H+1C"中，最重要的是"What：什么内容"。针对费用、时间、精力都有限的情况，必须对培训内容进行层次划分。能够突破工作胜任力瓶颈的内容应视为必须学习，能够开发潜力和开阔视野的内容应视为应该学习，对达到培训目标有帮助但却不重要的内容应视为可以学习。一份优秀的培训计划，将帮助我们在活动中直接命中目标。

（1）培训目标。通过培训需求分析，明确现有员工的能力和预期职务需求之间存在的差距，消除这个差距就是我们的培训目标，可以说培训目标就是培训活动的目的和预期成果。有了培训目标，员工学习才会更加有效。所以，确定培训目标是员工培训必不可少的环节。

（2）培训师。培训师的选择对于培训效果的保障有着直接影响。对于培训师的选择一般有两个渠道：一是内部渠道，二是外部渠道。两个渠道选择培训师各有利弊，应根据培训的内容和要求选择恰当的培训师，现在很多企业将两种方法结合起来使用。

（3）培训时间。培训时间选择不当也会影响培训效果，一般来讲，培训时间确定要考虑两个方面因素：一是培训内容需要的时间，二是受训人员的时间。培训时间确定合理，一方面能保证培训内容及时满足培训需求；另一方面也能让受训人员安心和乐意接受培训，从而保证培训的效果。

（4）培训地点和设施。培训地点的选择最主要是考虑培训的方式，应有利于培训的有效实施，如讲授法可在教室进行，研讨法可以在会议室进行，游戏法应选择相对宽敞的地方。另外，培训地点的选择还应考虑参加培训的人数、距离及培训成本等因素。另外，培训计划中还应列出培训所需设备，如多媒体、文具及其他道具等。

（5）培训方法。培训方法的选择主要是依据培训的内容，如知识型的培训多采用讲授法、研讨法或网络培训；技术技巧型的培训多采用参与式方法，如模拟训练法、角色扮演法。对于培训方法的选择将在下一节中详细讲解。

2. 计划的种类

计划按时间可分为长期计划、中期计划、年度计划、季度计划和月份计划。长期计划一般是 3 年以上，有的企业的培训长期计划甚至制定到 10 年左右，中期计划一般是指 1~3 年。

按对象可分为高层管理人员培训计划、中层管理人员培训计划和一线员工培训计划。

按内容可分为企业文化培训计划、管理知识与技能培训计划、服务知识与技能培训计划、岗位要求培训计划、规章制度培训计划、操作技能培训计划、产品知识培训计划等。

此外，还有其他多种划分方法。以上只是理论上的划分，实际制定中，培训计划往往是把以上各种类型进行交叉和结合来考虑的。

（三）实施培训计划

这是培训工作的正式实施阶段，也是整个培训工作最关键的阶段，其效果决定着整个培训工作的最终效果。由于计划与实践会有出入，这一阶段，组织者要会灵活应变，同时，也要努力提升实施效果。

1. 灵活应变

任何计划在实施过程中都有可能遇到一些不可预料的变化，例如：工作和培训时间产生冲突时有人（包括培训者）中断培训；学习效果不好时有人对培训产生抵触情绪；场地租用突然发生意外变化；设备突然发生故障；讲师突然因事无法按期到场；等等。当出现此类事件时，组织者要随机应变，灵活处理。最好是预先做好几套备选方案，一旦情况有变，可以启动预案。

2. 提升实施效果

影响计划顺利实施的因素有场地、灯光、桌椅、设备等，但最主要的因素是学员特性和培训师特性。培训师必须深入了解这两个因素，努力提升实施效果。

（1）学员特性。学员特性包括：学员的准备状态、学员的学习动机、学员的认知能力（包括理解能力、分析能力、推理能力等）、学员的阅读能力及学员的自我效能。

（2）培训师特性。如果培训师缺乏个性化授课技巧，例如缺乏鼓励、讲多问少、灌输多启发少、重复啰嗦、缺乏感染力、讲解过深过浅等，都会使培训效果大打折扣。有的培训师过于注重课堂效果，不断给学员做游戏，不注重启发，学员也会学不到东西，还会对培训产生误解，培训也会失去意义。培训师既不同于演讲师，也不同于大学教授。有人把培训师定位为"厨师"，认为"厨师"的"菜"要让学员感到新鲜（授课内容要"原创"），"刀功"（培训技法）要到位，"配料"（素材收集和经典内容提炼）要诱人，"炒法"（即兴发挥）要独具匠心，"风格"（个人形象和魅力）要超群，这样才能赢得学员的青睐。

（四）培训成果转化

培训成果转化即培训中所学到的知识、技能和行为应用到实际工作中去的过程。培训成果得到有效的转化，这样培训才有意义，否则培训投资就是一种浪费。企业培训成果转化问题是让企业深感困惑的问题。一方面，日益激烈的竞争和日新月异的技术进步迫使企业加大员工的培训投入；另一方面，培训投入产出率不成比例，让企业培训部门处境尴尬。

（五）培训效果评估

培训效果评估是通过一系列的信息、资料、数据对培训的效果进行定性和定量的评价，评价内容包括培训的认知成果、技能成果、情感成果、绩效成果及投资回报率。

对培训效果进行评估有两个重要意义：一是能够知晓培训的效果，为是否应在企业内继续进行该项培训作出决定；二是能发现培训各个环节中的不足，为改进培训提供依据。

目前，被企业采用最普遍的培训评估方法是柯式评估法。具体内容如下：

第一，反应层评估。反应层评估是指学员对培训程序的看法和感受。可以用来评估学员对培训课程、培训师、培训设施的喜好程度。基本评估方法有问卷调查法和面谈法两种。

第二，学习层评估。学习层评估是指对学员在培训过程中所学习到的知识、技能和态度进行评估，评估的主要方面包括：学到了什么知识？学到和改进了哪些技能？哪些态度改变了？评估的主要方法有：提问、笔试、口试、模拟练习与演示、角色扮演、心得报告与文章发表等。

第三，行为层评估。行为层评估是对学员接受培训后的工作表现进行评估和衡量，即工作绩效评测。例如，服务台员工对待投诉顾客的态度是否比过去更友善了？员工的积极性是否更高了？扯皮现象是否少了？等等。评测的方法有很多种，要注意的是测量标准一定要与培训程序的目标有关。

第四，结果层评估。结果是指培训对企业产生整体效果，以及对生产率、效率、质量、服务等产生的影响。评估的方法有很多种，可以通过预算、成本报告、销售数据、产品、客户调查，或者其他的衡量企业绩效的方法。例如：顾客对员工的投诉减少了吗？商品损耗减少了吗？经营成本是否降低？人员流动减少了吗？销售额提高了吗？利润增加了吗？等等。

三、培训的方法解读

（一）传统的培训方法

1. 讲授法

讲授法，是教育历史上最悠久的方法之一，是教师向学生传授知识的重要手段。也是比较传统的培训方法之一，是教师运用阐述、说明、分析、论证和概括等手段讲授知识内容的培训方法。

讲授法的优点：①传授内容多，有利于大面积培训；②传授的知识比较系统、全面；③在人、财、物、力和时间方面都很经济；④受训者可以很方便地向教师请教疑难问题。

讲授法的缺点：①传授内容多，受训者消化吸收的压力大；②比较单调，受训者处于被动地位，参与程度低；③教师面向所有受训者讲授，无法顾及学员的个体差异；④与实际工作结合不密切，缺乏一定的针对性。

因此，讲授法主要适用于系统地进行知识的更新与传授。

2. 研讨法

研讨法，就是先由教师综合介绍一些基本概念与原理，然后围绕某一专题进行讨论的培训方式。这种方式也是一种运用很普遍的方式，仅次于讲授法，因而它在培训中起着重要的作用。

运用这种方法应注意这样几点：①要确定研讨会的主题，即讨论要有主题牵引，防止脱离主题；②要确定研讨会的主持人；③要确定研讨形式；④要重视会前准备。

研讨法主要适用于概念性或原理性知识的把握和学习，通过研究讨论，提高学习者的理解能力，其效果要优于讲授法。

3. 案例分析法

案例分析法，就是把实际中的真实情景加以典型化处理，编写成供学习者思考和决断的案例，通过独立研究和相互讨论的方式来提高学习者分析问题和解决问题的能力的一种方法。案例分析法可以调动学习者广泛参与，变单项信息传递为双向交流、变被动学习为主动学习、变注重知识为注重能力的培训方式。这里所涉及的案例，一般是对企业内部个体、群体或组织中的一个或几个乃至更多的变量之间相互关系的一种描述和说明。它可以是成功的典范，也可以是失败的总结。

案例分析法的优点：生动具体、直观易学，能够集思广益并实现教学相长。

案例分析法的缺点：案例的编写和案例的分析都较为费时费力，对教师和学习者的要求较高。

案例分析法多用于管理知识与技能的培训，如人际关系知识与技能、决策知识与技能、营销知识与技能。另外，案例分析法在高级管理人员的培训中应用得更为普遍。

4. 行为模仿法

行为模仿法也称模拟训练法，是先向受训者展示正确的行为，再要求他们在模拟环境中扮演角色，根据他们的表现，培训者不断地提供反馈，受训者在反馈的指导下不断重复工作直至能熟练完成任务。

这种培训方法的基本思路是，受训人看到任务的执行过程，并在反馈信息下不断重复实践，直到熟练完成任务。具体来讲，行为模仿有四个步骤：第一，建立模式，向受训者展示正确的行为，可以通过电影、录像等现代手段，也可以通过真人扮演；第二，角色扮演，让每个受训者扮演其中角色，演习正确的行为；第三，不断强化，培训者根据受训者的表现，给予表扬、建议等反馈，强化受训者的行为；第四，鼓励受训者在将来的工作中采用正确的行为。

与角色扮演的相似之处是受训者都扮演某些角色，表演出某种情形。区别在于行为模仿教给受训者正确地执行任务的方法，并且行为模仿训练中发生的互动行为是实践，受训者如果犯错误，培训者会立即加以纠正，并让他们正确地重复该步骤。

行为模仿侧重于操作技能培训，如某种机器设备的操作和使用。也可以用于管理技巧的培训，如沟通技巧、演讲技巧等。另外，新员工上岗培训也常用此法。

(二) 现代培训方法

1. 角色扮演法

角色扮演法，是目前常用的一种管理人员开发方法。就是为受训者提供一种真实的情景，要求一些学习者扮演某些特定的角色并出场表演，其他学习者观看表演，注意与培训目标相关的行为。表演结束后，其他学习者对角色扮演者完成任务的情况进行评价，表演者也可以联系表演时的情感体验来讨论表现出的行为。

其操作步骤为：①把一组受训人员集合在一起；②选取某种情境，如与直接主管存在冲突的雇员要求调动工作的情境；③从受训人员中挑出两个人，即兴模仿上述情境，其他成员在一旁观摩、思考和进行评论；④组织全体人员讨论和评价。

运用这种方法，可以帮助学习者处在他人的位置上思考问题，可以体验各类人物的心理感受，训练学习者自我控制能力和随机应变能力，从而提高管理人员处理各类问题的能力，同时对提高管理人员的演讲能力和表达能力也有一定价值。

这种方法一般用于改善人际关系、推销技巧和处理突发事件的训练。

2．户外拓展训练

户外拓展训练通常利用崇山峻岭、瀚海大川等自然环境，通过精心设计的活动达到"磨炼意志、陶冶情操、完善人格、熔炼团队"的培训目的。

3．敏感性训练

敏感性训练就是通过团队活动、观察、讨论、自我坦白等程序，使学员面对自己的心理障碍，并重新建构健全的心理状态。

要组织好敏感性训练，就必须按照以下的程序来进行：①需准备一个舒适的场地，以免给学员形成任何的心理压力；②主持人需事先说明训练的程序、规则与目的；③主持人先交付所有学员共同参与并完成一项任务；④任务结束后，以一学员为中心，其他学员则依次将任务中所见、所闻，与所想象与该目标学员有关的资讯报告出来（包括个人言行与如何影响他人等作为），并由目标学员详细说明、坦白为何产生如此言行；⑤轮流指定目标学员，重复上一步骤，直至所有学员均参与为止；⑥由主持人作最后的评价、总结，并鼓励、赞许学员面对自我的勇气。

敏感性训练的优点：①能充分暴露自己的态度和行为，从成员那里获得对自己行为的真实反馈，可以使学员能够重新认识自己；②通过接受他人意见，了解自己的行为如何影响他人，改善自己的态度和行为，能够使学员重新建构自己。

敏感性训练的缺点：①组织和训练所需的时间较长；②有造成学员心理伤害的可能与危险；③学员可能不愿泄漏内心深处的秘密而影响整个程序与效果；④需要一名受过专业训练的主持人与数名有一定基础知识的助手。

敏感性训练主要适用于组织发展训练、晋升前的人际关系训练、中青年管理人员的人格塑造训练、新进人员的集体组织训练、外派人员的异国文化训练。

4．网络培训

进入20世纪90年代后，以现代信息技术为基础的互联网在全球迅速兴起。互联网拥有巨大的资源，方便快捷的使用方式和良好的交互性能，使其以惊人的速度发展。互联网的这种特性也引起了培训界的极大注意，并迅速地把它应用于培训领域。

网络培训又称E-Learning、在线培训、网络学院、网络教育和在线学习等。

网络学习的优点：①节省培训费用。无须将学员招集在一起，可及时、低成本地更改培训内容。②学习效率较高。可利用大量的声音、图片、影音文件等资源,增强课堂教学的趣味性,从而提高学员学习效果。③进程安排灵活。学员可以利用空闲时间学习,不受时间与空间限制。另外,学员可以自主选择自己的学习方式,各人的学习方法和思维方式有所不同,在网上学习,学员可以按自己习惯的方式学习。

网络学习的缺点:一是师生交流有限。二是某些内容不适合网络培训,有一定局限性,如人际交流的技能培训、机器操作技能培训。

第四节　企业人力资源的开发

一、人力资源开发概述

人力资源开发的作用是给员工增添超过他们目前工作需要的各种能力。它是企业为提高员工承担各种任务之能力所进行的努力。这种努力既有利于企业也有利于员工的事业发展。企业只有拥有各种具有丰富经历和高强能力的员工和管理者,才能增强竞争力和适应竞争环境变化的能力。另外,通过开发培养,员工个人的职业生涯的目标也将逐渐变得更加明确,职务也得以步步升迁。

只要达到了如下三方面的基本要求,企业内部的人力资源开发就能不断增强企业的竞争优势:①企业员工能积极地为产品和服务增加经济效益。②全体员工所拥有的各种能力与竞争对手相比占据优势。③这些能力是竞争对手不易仿效的。

企业在某些方面总是面临着"生产"还是"购买"的选择,即到底应该自己培养有竞争力的人才,还是"购买"那些已由别的企业组织培养成了的人才。当前的趋势表明,技术和专业人员通常是根据他们已具备的技能水平而被雇用,而不是根据他们学习的能力或行为特征而雇用。目前,在人才市场上,企业明显的偏好是"购买"而不是"生产"那些稀缺的员工。不过,"购买"而非"生产"人才的做法,并非出于前面所提到的力图通过人力资源来保持竞争优势的需要。

为了从事人力资源开发,必须首先制定各种人力资源规划。如前论述,人力资源规划内容包括分析、预测和确定企业在人力资源方面的各种需要。开发计划使得企业可以预测由于退休、提升和迁居所造成的人员变动,它有助于确定将来企业所需要的各种技能的种类,以及为保证始终拥有这些能力的人才所需的开发培养工作。

人力资源的开发培养过程中，人力资源规划首先应确定企业所需要的各种能力和所应具备的条件。企业现有条件将影响人力资源计划。所需能力的种类也会影响各种开发决策，如关于应该提拔什么样的人，以及企业后续领导入应是什么样的人等方面的决策。开发培养计划既会影响企业对开发培养需求的评估，也会受到这一评估的影响。各种开发培养措施都要依据对人才需求的评估。此外，企业还应对开发培养过程进行评估，并根据新的需求不断地加以改进。

二、企业管理人员的开发

现代商业环境不确定性的增加对现代管理提出了挑战。对管理人员的领导技能进行开发已经成为企业的一种长期需求。管理人员的开发与前面讨论的员工培训很相似，都是通过对员工提供其完成工作所必需的技能、知识等，来改进他们的工作绩效。然而，管理人员的开发由于其对象的特定性，而具有其他的一些特性。

（一）企业管理人员开发的含义

管理人员开发是指一切通过传授知识、转变观念或提高技能来改善当前或未来管理工作绩效的活动。这种开发活动不仅要满足管理人员目前工作的要求，更重要的一点在于，它是面向未来的，它还要为管理人员承担未来工作做好准备。

管理人员开发的目的有两层含义：

第一，帮助管理者有效地完成本职工作，提高他们的工作绩效。面对一个日新月异的时代，管理人员的技能"不进则退"，不能对管理人员的领导技能、知识水平等进行有效的开发和提高，就意味着企业管理水平的落后，对于一家现代企业来说，这几乎是致命的缺陷。所以，树立一项清晰的、令人鼓舞的目标，制订一套切实可行的管理人员开发计划，是帮助管理人员完成本职工作，提高他们的工作绩效，从而增强企业竞争力的有效途径。

第二，为管理人员晋升职位、承担更多的工作职责做准备。如果一名管理者在原岗位上取得了一些成就，那么他很有可能获得晋升，可是他又不具备这个更高职位要求的技能和素质。管理人员的开发无疑是应对这种情况的好办法。另外，通过提前对有潜力的员工进行更高职位职能的开发和培养，可以增强组织工作的连续性，减少因工作变动带来的低效率行为。

（二）企业管理人员开发过程

由于管理人员开发具有两个层面的目标，所以服务于这两个层面的目标的开发计划也有两种：一种是为了提高管理人员的知识和技能水平，改善其工作绩效而进行的。另一种是为了填补组织管理职位空缺所进行的。这两种开发计划制订的过程有所区别。

1. 为提高管理人员水平而进行的开发过程

这种管理人员开发的过程大致可以分为以下三个步骤：

第一，确定管理者的发展需求。这一步是在职位分析和绩效评估的基础上进行的，要找出管理者实际绩效同期望绩效之间的差距，明确该职位所需的技能和素质要求。

第二，制订并实施开发计划。针对各个管理者的不同情况，制订出合适的开发计划并认真落实这些计划。在这个步骤中，要注意对开发方法的选择以及在计划执行过程中各方之间信息的沟通，这些都是保证开发计划成功的关键因素。

第三，对开发计划实施的结果进行评估。评估的目的是指导下一阶段的工作，并为以后开发计划的制订提供经验。

2. 为填补组织职位空缺而进行的开发过程

这类管理人员开发过程主要包括两个步骤：

首先，在整个组织范围内进行管理人员的规划和预测，确定组织对管理人员的需求，也就是找出那些需要充实人员的管理岗位，并将预测的这些岗位同组织内可能获得的候选人进行比较。

其次，进行管理人员的需求分析和开发。根据每个岗位的不同要求分析管理人员的开发需求，并制订出合适的人员开发计划，确保企业的各个管理岗位都能获得具有适当技能和素质的人员。具体来说，这种开发计划的制订包括以下三个步骤：一是制作组织设计图，根据业务发展情况（比如扩展或缩减等）设计部门的管理人员需求。二是查看企业的管理人员信息库，确定当前可能候选人的状况，包括他们的教育背景、工作经历以及工作绩效评价等资料。三是画出管理人员安置图。在图上标出每个管理职位可能的候选人，以及每个人的开发需求，比如需要岗位轮换或者客户服务能力开发，等等。

第三章 企业人员的管理

第一节 企业人员的绩效管理

一、认识绩效管理

对任何组织来说，如何有效地调动组织成员的积极性和创造性，持续地提高他们的绩效水平，最终实现组织的绩效目标乃至战略目标，是其非常关心的问题。正因为如此，如何有效地开展绩效评价、绩效管理工作已成为管理理论与实践研究的热点问题。

（一）绩效管理中的相关概念

1. 绩效

绩效的含义可以从不同的学科视角理解。从管理学视角看，绩效是组织期望的结果，是组织为实现其目标而展现在不同层面的有效输出，它包括个人绩效和组织绩效两个方面。从经济学视角看，绩效与薪酬是员工和组织之间的对等承诺关系（绩效是员工对组织的承诺，而薪酬是组织对员工的承诺），体现了市场经济的等价交换原则。从社会学视角来认识，绩效意味着每一位社会成员按照社会分工所确定的角色承担其那一份职责。

2. 绩效考核

绩效考核又称绩效评估或绩效评价，它通过系统的方法、原理来评定和测量员工在职务上的工作行为和工作效果。即在工作一段时间或工作完成之后，对照工作说明书或绩效标准，采用科学的方法，检查员工对职务所规定的职责的履行程度，以及员工个人的发展情况，对员工的工作结果进行评价，并将评定结果反馈给员工的过程。绩效考核是决定员工的报酬、晋升、调动、培训开发等一系列活动的依据，科学客观的绩效考核能够增强员工的公平感、满意感，从而有效地激励员工更加积极努力地工作。

3. 绩效管理

绩效管理是通过对雇员的工作进行计划、考核、改进，最终使其工作活动和工作产出与组织目标相一致的过程。它是关于个人和组织绩效的一个系统思路，包括所有围绕提高绩效所采用的方法、制度、程序等。绩效管理不仅关注工作的结果，更关注工作行为或工作过程本身，侧重于从过程中发现存在的问题，找出原因，通过不断地"纠偏"以确保组织目标的顺利实现。绩效管理的基本思想是对绩效的不断改进和完善。

(二) 绩效考核与绩效管理的关系

在传统的绩效考核中，员工是被动的，其不了解工作要求、不清楚绩效的衡量标准，也没有机会了解自己的工作成果，更没有任何人与其沟通关于完成一项工作任务的期望。这就使被考核者感到工作成绩好坏完全不是自己所能控制的，考核的标准捉摸不定，不知道自己该怎么做、做到何种程度才算好。不确定因素太多，而考核成绩又是直接与奖惩挂钩的，这就给很多员工带来了沉重的心理压力，考核被当作是"秋后算总账"，不容易被员工接纳。而绩效管理是以人为中心的，它使员工充分参与组织的管理过程，重视员工的发展，在完成组织目标的同时也实现了员工的个人价值和为其制订了职业生涯计划。它可以解决以往管理中的多元目标问题，使员工与团队、组织目标相一致，拧成一股绳，劲往一处使，最终达到组织和员工"双赢"的局面。因此，绩效管理总体上强调的是：对目标及如何达到目标需要达成共识。绩效管理不是简单的任务管理，它特别强调沟通、辅导和员工能力的提高。绩效管理不仅强调结果导向，而且重视达成目标的过程。同单纯的考核相比，它更注重未来，更注重长期，更注重参与。

绩效考核与绩效管理的联系在于绩效考核是绩效管理的重要组成部分。绩效考核成功与否不仅取决于考核本身，而且在很大程度上还取决于与考核相关联的整个绩效管理过程。

(三) 绩效管理的目的及作用

1. 绩效管理的目的分析

绩效管理的目的主要体现在战略、管理和开发三个方面，其战略目的体现在绩效管理上能够把员工的工作与组织战略目标紧密联系起来，通过提高员工的个人绩效来提高企业的整体绩效，进而实现组织的战略目标；通过绩效管理，可以对员工的工作行为进行正确的引导，对员工的工作绩效进行评估，以便适时给予相应的奖惩以激励员工，绩效评价的结果也为企业进行薪酬管理、培训开发和职务晋升等重要的人力资源管理决策提供依据，这充分体现了绩效管理的管理目的；在实施绩效管理的过程中，可以发现员工的缺点与不足，在此基础上开展有针对性的培训与开发，从而不断提高员工的素质，为提高员工绩效提供必要的素质保证，这是绩效管理的开发目的。

2. 绩效管理的主要作用

第一，促进企业愿景与使命的实现。企业的愿景和使命，如果不能转化为日常的具体目标，就很容易流于形式，失去激励员工的价值。绩效管理程序能够把企业的使命和愿景转化为实际的定性目标和定量目标。这些目标自上而下被层层分解，转化为各级部门和员工实际的行动计划，从而指导员工的日常工作，促进员工按照企业的管理流程、行为标准和倡导的方式去工作，使每个员工的绩效都能够得到持续改进和提高，最终促进个人目标、部门目标乃至企业目标的实现。

第二，为员工提供一个规范、简洁的沟通平台。绩效管理改变了以往纯粹的自上而下发布命令和检查成果的做法。它要求管理者与被管理者双方定期就工作行为与结果进行沟通、评判、反馈和辅导。当员工认识到绩效管理是一种辅助而不是监控时，他们往往会利用这个沟通平台积极合作，从而在客观上有效地避免了冲突的发生。

第三，为员工理顺职业发展通道。绩效管理为企业的人力资源管理与开发提供了必要的依据。企业通过实施基于考核的绩效管理，为员工的管理决策提供了必要的依据，如对绩效好的员工奖励、晋升、委以重任，对绩效不好的员工降职、惩戒、降低要求、转岗甚至辞退淘汰。绩效管理同时也为员工的培训制定、薪酬管理、职业规划等提供了依据。

第四，构建和谐的企业文化。企业文化最终是要通过企业的价值评价体系（绩效管理体系）、价值分配体系（薪酬管理体系）来发挥作用。通过制定公开的绩效评价制度和明确的绩效标准，可以规范企业内部的行为方式，增强分配体系的透明度，从而促进企业形成公正、公平的企业文化。

第五，绩效管理的法律价值。随着企业人力资源管理规范化、法治化进程的推进，人力资源管理的各个过程，如招聘、录用、考核、内部分配、员工辞退等，都要受到国家或社会公平就业组织的监督。如果企业不能够提供足够的证据来支撑自己的人力资源管理举措，那么就会受到法律或社会公平就业组织的干涉甚至制裁。而这些相关证据大部分来源于绩效管理的各个环节。因此，企业将绩效管理程序化、制度化，并使所有员工都熟悉这项制度并参与其中，获取并保存相应的管理信息，对于企业和员工都是至关重要的。

二、绩效管理的实施过程

(一) 绩效计划

制订绩效计划是整个绩效管理过程的开始，在这一环节，各级管理者同员工一道就员工在该绩效周期内要做什么？为什么做？需做到什么程度？何时做完？以及员工所拥有的决策权限等问题进行讨论，促进相互理解并达成绩效协议。这一阶段主要是要确定出员工的绩效考核目标和绩效考核周期。

1. 绩效计划的制订

一般绩效计划的制订包括三个阶段：准备阶段、沟通阶段、绩效计划的审定与确认阶段。

在准备阶段，管理人员需要了解组织的战略发展目标和计划、企业年度经营计划、部门的年度工作重点、员工所在职位的基本情况、员工在上一个绩效周期的绩效考核结果等信息。

在沟通阶段，管理人员依据准备阶段对企业相关分析所掌握的基本信息，采用合适的沟通方式，与员工一道共同分析员工的能力特点，确定有效的绩效目标，制订绩效计划，并就资源分配、权限、协调等可能遇到的问题进行讨论。一般情况下，绩效计划沟通时应该至少回答以下 4 个问题：该完成什么工作、按照什么样的程序完成工作、何时完成工作和需要哪些资源与支持。绩效计划沟通是双向的沟通，一方面，管理人员需要向员工提出部门对员工的期望与要求；另一方面，员工也需要向管理人员提出自己的认识、疑惑、可能遇到的问题及需要的资源等。在这一过程中，员工的参与和承诺是至关重要的，只有当员工承认并接受某一目标时，这一目标实现的可能性才比较大。通过绩效计划沟通，员工对绩效目标的承诺与接受程度就会比较高，从而有助于绩效目标的实现。

在绩效计划的审定与确认阶段，管理人员需要与员工进一步讨论、修订绩效计划，并最终达成一致，形成书面的绩效合同。在实际工作中，绩效计划一经实施原则上不能轻易改变。但是，由于环境总是在不断发生变化，当环境等条件发生较大的改变，使得原有绩效计划明显不适应或难以发挥指导作用时，在计划的实施过程中往往需要根据实际情况及时对绩效计划进行调整。

在制订绩效计划时，管理人员需要根据上一级部门的目标，并围绕本部门的职责、业务重点，以及客户对本部门的需求来制定本部门的工作目标。然后，根据员工所在职位的职责，将部门目标分解到具体责任人，形成员工的绩效计划。因此，管理人员在制订绩效计划，确定绩效目标时，一定要综合考虑以下4个方面的问题：①企业总体绩效目标；②上级部门的绩效目标；③职位职责；④内、外部客户的需求。它们是确立绩效目标的四个主要依据。

2. 绩效目标的确定

绩效目标是对员工在绩效考核期间工作任务和工作要求所作的界定，这是对员工进行绩效考核时的参照系。绩效目标由绩效指标和绩效标准组成。

（1）确定绩效目标的 SMART 原则。

S 代表的是 Specific，是指绩效目标的设计要切中特定的工作目标，适度细化，并且随着情境变化而变化。

M 代表 Measurable，是指绩效目标，或者是数量化的，或者是行为化的，验证这些绩效标准的数据或信息是可以获得的。

A 代表 Attainable，是指绩效目标在付出努力的情况下是可以实现的，避免设立过高或过低的目标。

R 代表 Realistic，是指绩效目标应该与工作高度相关，是实实在在的，是可以通过证明和观察得到的，而非假设性的。

T 代表 Time-bound，是指要设定完成这些目标的期限，这是关注效率的一种表现。

（2）绩效指标。

绩效考核的指标有多种分类方式，其中根据绩效考核的内容进行分类是最常见的一种。绩效考核的内容包括工作业绩评估、工作能力评估、工作潜力评估和工作态度评估4类。实际上，工作潜力评估往往是通过工作能力评估进行推断做出的。因此，将相应的绩效考核指标分为工作业绩考核指标、工作能力考核指标和工作态度考核指标三类。

一是工作业绩考核指标。所谓工作业绩，就是工作行为产生的结果。对业绩的考核结果直接反映了绩效管理的最终目的——提高企业的整体绩效，以实现既定的目标。工作业绩指标可以表现为该职务的关键工作职责或一个阶段性的项目，也可以是年度的综合业绩。通常，业绩指标可以具体表现为完成工作的数量指标、质量指标、工作效率指标和成本费用指标。这4类指标都属于工作业绩考核指标。

二是工作能力考核指标。不同的职务对工作能力有不同的要求，只有在绩效考核体系中加入工作能力方面的考核指标，才可能使考核的结果真正反映出员工的整体素质。另外，考核指标的设计者还可以通过能力指标的行为引导作用，鼓励员工提高相关的工作能力，并通过能力考核的结果，做出各种有关的人事调整决策。

三是工作态度考核指标。在组织中常常可以看到这样的现象：一个能力很强的人出工不出力，没能实现较高的工作业绩；而一名能力一般的员工兢兢业业，却做出了十分突出的工作业绩。这两种不同的工作态度，产生了截然不同的工作结果。因此，为了对员工的行为进行引导，从而达到绩效管理的目的，对工作态度的考核是非常必要的。

在一定程度上，工作态度与工作能力共同决定了一名员工的实际工作业绩。当然，一些其他因素，如企业的分工等，也会对员工的工作业绩造成影响。但通常来说，工作态度与工作能力对员工业绩的影响最大。

（3）绩效指标的确立。

绩效指标设计是建立绩效考核体系的中心环节，为保证绩效指标设计的有效性，一般需按以下步骤进行：

第一，岗位分析。根据绩效考核目的，对被考核对象的岗位工作内容、性质，以及完成这些工作所需具备的条件等进行研究与分析，从而了解被考核者在该工作岗位所应该达到的目标、采取的工作方式等，初步确定绩效考核的各项要素。当然，为了减少管理成本，并不是把所有的岗位职责、要求都作为考核的指标，而是选择对于组织来说至关重要的岗位职责作为绩效考核指标，即所谓的关键绩效指标。

第二，工作流程分析。绩效考核指标必须从流程中去把握，根据被考核对象在流程中扮演的角色、责任，以及同上下游之间的关系，来确定衡量其工作的绩效指标。如果流程存在问题，还应该对流程进行重组或优化。

第三，绩效特征分析。可以使用图表标示出各指标要素的绩效特征，按需要考核程度分档，如可以按照非考核不可、非常需要考核、需要考核、需要考核程度低、几乎不需要考核五档对上述指标要素进行评估，然后根据少而精的原则按照不同的权重进行选取。

第四，理论验证。依据绩效考核的基本原理与原则，对所设计的绩效考核要素指标进行验证，保证其能有效可靠地反映被考核对象的绩效特征和考核目的要求。

第五，要素调查，确定指标。根据上述步骤所初步确定的要素，可以运用多种灵活方法进行要素调查，最后确定绩效考核指标体系。在进行要素调查和指标体系的确定时，往往将几种方法结合起来使用，使指标体系更加准确、完善、可靠。

第六，修订。为了使确定好的指标更趋合理，还应对其进行修订。修订分为两种：一种是考核前修订，即通过专家调查法，将所确定的考核指标提交领导、专家会议及咨询顾问，征求意见，修改、补充、完善绩效考核指标体系；另一种是考核后修订，根据考核及考核结果应用之后的效果等情况进行修订，使考核指标体系更加理想和完善。

（4）绩效标准的确定。

绩效标准是对员工工作要求的进一步明确，即对员工绩效内容做出明确的界定：员工应当怎样来做或做到什么样的程度。例如，"市场占有率提升到 10%""采购成本降低 5%"等。绩效标准的确定有助于保证绩效考核的公正性，否则就无法确定员工的绩效到底是好还是不好。

3. 确定绩效考核周期

绩效考核周期是指两次相同考核的时间间隔。由于绩效考核需要耗费一定的人力、物力与财力，因此考核周期过短会增加企业管理成本的开支，但绩效考核周期过长则不利于员工工作绩效的改进，还会降低绩效考核的准确性，从而影响到绩效管理的效果。因此，在制订绩效计划阶段，还应当确定恰当的绩效考核周期。

（二）绩效监控

绩效管理的根本目的是通过提高员工的绩效来提高企业的整体绩效，只有每个员工都实现了各自的绩效目标，企业的整体目标才能实现。因此，管理者应当帮助员工实现绩效目标。而这就要求管理人员在整个绩效周期要与员工保持持续沟通、辅导与咨询，收集绩效信息，发现绩效问题并指导改正，管理者只有很好地做到这一点，才能真正帮助员工实现绩效目标。

1. 持续的绩效沟通

在实施绩效沟通时，管理人员应该重点关注员工工作的进展情况、是否与计划相一致、工作遇到的困难与障碍、员工还需要哪些资源与支持等。一般来说，管理人员与员工的持续沟通可以通过正式的沟通与非正式的沟通来完成。正式的沟通是指由企业相关制度规定的、有特定时间安排的一种沟通方式，通过制度安排，使绩效沟通能够得到有效保障。正式的有书面报告（如工作日志、周报、月报、季报、年报等）、正式会议、定期面谈等形式。非正式的沟通是指非制度化的、可以随机进行的一种沟通方式，可以根据实际需要随时随地进行，使得工作中存在的问题能够及时被发现并能够及时处理，减少可能的损失。其形式也多种多样，常用的有走动式管理、开放式办公、电话沟通、非正式的会议等。与正式的沟通相比，非正式的沟通更容易让员工开放地表达自己的想法，沟通的氛围也更加宽松，有时能够达到正式沟通所不能达到的效果，是正式沟通的一种很好的补充形式，管理者应该充分加以运用。

2. 绩效信息的收集

在实施绩效监控的同时，管理者应该对员工的绩效表现进行收集且进行必要的记录。这些记录和收集到的信息一方面可以用来为绩效考核提供客观的事实依据，有助于对员工的绩效进行更加客观的评价；另一方面可以为员工绩效改善提供具体事例，用来向员工说明他们还需要在哪些方面进一步改进与提升。

绩效信息的收集方法主要有观察法、工作记录法和访谈法等。观察法是指管理人员直接观察员工在工作中的表现，并如实记录；工作记录法是指管理人员将员工的工作表现、工作目标完成情况等通过工作记录的形式——记录下来；访谈法是指通过对员工的服务对象或在工作中与员工有交往的人员的访谈，掌握员工的绩效信息，如客户满意度调查就是通过这种方法获取信息的典型方法。无论采用哪种方法收集信息，管理人员都需要注意做到客观、如实地记录具体事实。

3. 开展绩效辅导与绩效咨询

（1）绩效辅导。在监控员工绩效的同时，管理者应开展绩效辅导工作。通过绩效辅导，可以帮助员工及时了解自己的工作进展情况，确定哪些方面需要改善，需要学习哪些知识和掌握哪些技能。

（2）绩效咨询。当员工没能达到预期的绩效标准时，管理者可借助咨询来帮助员工克服工作过程中遇到的障碍。在进行咨询时，首先要保持及时性，也即应该在问题出现后立即进行咨询；其次要保持计划性，即指咨询前应做好计划，咨询应在安静、舒适的环境中进行；再次要保持双向交流，管理者应该扮演"积极的倾听者"的角色，这样，能使员工感到咨询是开放的，并鼓励员工多发表自己的看法；最后咨询内容要具体，说出事实依据，对不好的绩效应给予具体的改进建议。

（三）绩效考核

在绩效周期结束时或在特定的情况下，组织需要通过绩效考核，对被考核对象的绩效表现进行评价，得出其真实的绩效表现结论，以便为确定绩效薪酬、员工晋升、培训开发等提供科学依据。

1. 确定绩效考核的执行者

绩效考核的执行者是指对员工的绩效进行考核的人员。由绩效的特性可知，绩效具有多因性、多维性和多态性，加之企业岗位性质复杂多样，由此，仅仅凭借一个人的观察和评价很难对员工做出全面的绩效考核。为了确保考核的全面、有效性，在实施考核的过程中，应该由企业不同岗位、不同层次人员组成考核团队，有时甚至要聘请外界测评专家参与到具体的考核中来。

绩效考核的主体一般包括被考核者的直接上级、同级同事、直接下级、被考核者本人、顾客或供货商，以及外界绩效考核专家或顾问等几类人员，他们具备各自不同的优势特征，在绩效考核过程中分别承担不同的考核任务，为考核工作带来不同的帮助。

（1）直接上级。对于被考核者来说，直接上级承担着工作安排、监督指导等方面的直接管理责任，因此他们通常最了解员工的工作情况，对绩效考核指标与标准也非常明确，这就使他们成为当然的、最主要的考核主体，有时甚至是唯一的考核主体。除此之外，用上级作为考核主体还有助于实现管理的目的，保证管理的权威。上级考核容易受到领导个人的作风、态度，以及对下属员工的偏好等因素的影响，产生个人偏见，这是其作为考核主体的不足。

（2）同级同事。在考核周期中，同事是和被考核者接触最为密切的一类人，他们几乎每天都在一起工作，对考核对象的工作情况相当了解，选择他们作为绩效考核的主体之一，可以对员工日常工作表现进行全方位的、准确的考核，避免上级考核可能出现的个人偏见。由于同事考评一般都是相互进行的，这样形成一种激励约束机制，有助于促进员工在工作中与同事配合。选用这种主体也存在一些不足，如人际关系的因素会影响考核的公正性，同事间相互评价也容易引发内部矛盾，影响同事之间的协作关系，处理不好会影响到团队或部门绩效。

（3）直接下级。直接下级在工作中作为被管理的对象，全方位接受上级主管的工作安排、指导与帮助，因此，相对于其他考核主体而言，最了解上级的领导能力等方面的问题，并能给出相对准确的评价。另外，将下级作为考核主体来评价上级，可以促使上级关心下级的工作，建立融洽的员工关系。但下级由于顾及上级的反应，担心被报复，往往不敢真实地反映情况，选择报喜不报忧。这样做还有可能使得上级在管理中缩手缩脚，不敢轻易得罪下级，削弱了上级的管理权威，造成上级对下级的迁就。

（4）被考核者本人。这种做法可使被考核者得以对自身绩效发表看法，而他们也确实最了解自己的绩效表现。这种自我评价能够令被考核者感到满意，减少对考核结果的抵制，且能有利于员工工作的改进。但自我评价也存在一些难以避免的弊端，如本人对考核维度及标准的理解可能与其他考核主体不一致，存在本位主义倾向，最终往往造成自我评价优于其他考评主体的评价结果。

（5）客户或供应商。当今社会，企业要想健康快速发展就必须整合企业内外部的各种资源，即加强企业间的合作，这就使得其与上下游企业间的关系日益密切。因此，企业内许多员工的工作绩效已不仅限于企业内部，而应该向外部延伸，这就需要引入相应的外部考核主体。例如，销售人员的上级能够了解其工作结果，而与其接触最多的则是顾客，他们最了解销售人员的工作行为与工作态度。因此，评价这类在与外界联系紧密的职位上工作的员工时，引入客户或供应商作为考评主体，参考外界的评价将有助于对这类员工工作绩效的全面考核。

（6）外界绩效考核专家或顾问。这些专家或顾问不但掌握深厚的绩效考核方面的理论，而且具有绩效考核方面的专门技术与经验，他们不但作为绩效考核的实施者之一参与绩效考核工作，还能够根据需要开展绩效考核方面的培训指导工作，帮助其他考核主体更好地完成绩效考核任务。另外，这一考核主体大多在公司中无个人瓜葛，较易做到客观公正。只是聘请成本较高，而且他们对公司所在行业、职务特点与要求，以及被考核者的情况等了解程度可能没有其他考核主体深刻。

由于不同的考核主体收集考核信息的来源不同，对员工绩效的看法也会不同。为了保证绩效考核的客观公正，应当根据考核指标的性质来选择考核主体，选择的考核主体应当是对考核指标最了解的，如"协作性"由同事进行考核，"培养下属的能力"由下级进行考核，"服务的及时性"由客户进行考核等。由于每个职位的绩效目标都由一系列的指标组成，不同的指标又由不同的主体来进行考核，因此每个职位的考核主体也有多个。此外，当不同的考核主体对某一个指标都比较了解时，这些主体都应当对这一指标进行考核，以尽可能地消除考核的片面性。

2. 预防评价者误区的出现

评价者误区是评价理论中的一个非常重要的概念。它特指在评价过程中，由于评价者的主观原因而导致的各类常见的误差，从而影响到考核的效果。绩效考核中容易产生的误区一般有以下几种：

（1）晕轮效应。晕轮效应具体是指由于个别特征评价而影响整体印象的倾向。这种错误是指以员工某一方面的特征为基础而对总体作出评价。有关晕轮效应的例子在人们日常生活中经常发生，如员工一般会对那些对下级和颜悦色、关心下级的上级有强烈的好感，这样的上级工作能力也许不强，但员工往往倾向于对这类上级给予较高的评价。晕轮效应对绩效评价的有效性十分有害。

（2）逻辑误差。逻辑误差是指评价者在对某些有逻辑关系的评价要素进行评价时，使用简单的逻辑推理而不是根据客观情况来对员工进行评价而产生的误差。在绩效评价中产生逻辑误差的原因是两个评价要素直接的高相关性。例如，很多人认为"口头表达能力强与公共关系能力之间存在高相关性。"于是，他们在进行绩效考核时，往往会根据员工的口头表达能力来对公共关系能力作出评价。

（3）首因效应。首因效应亦称第一印象误差，是指考核主体根据员工在绩效初期的表现而对整个绩效考核周期的表现作出评价。例如，员工在考核周期开始时工作非常努力，达成了很好的初期绩效，给评价主体留下了深刻的印象。即使其后来的绩效并不怎么好，上级还是根据开始的表现对该员工在整个考核周期的绩效作出了较高的评价，使评价结果不能反映评价对象的真实情况。

（4）近因效应。近因效应是指评价者以员工在近期（绩效评价期间的后期）的表现为依据，而对整个绩效考核周期的表现作出评价，从而得出不恰当的评价结论。特别是当绩效评价周期较长时，出现近因效应的可能性更大。例如，一个员工在绩效周期后一个月表现不佳，因而得到了较差的评价，实际上，他在之前的若干个月内都保持着优异的绩效表现。

（5）对比效应。对比效应是指考核主体将员工跟自己进行对比，与自己相似的就给予较高的评价，与自己不同的就给予较低的评价。例如，一个作风比较严谨的上级，对做事一丝不苟的员工评价比较高，而对不拘小节的员工评价比较低，尽管两个人实际的绩效水平差不多。

（6）溢出效应。溢出效应是指根据员工在考核周期以外的表现对考核周期内的表现作出评价。例如，某生产线上的工人在上个绩效周期出过生产事故，影响了其上一期的工作业绩。但在本绩效周期内并没有出现类似的问题，但是由于上次事故的影响，上级在本期评价中对该工人给出了较低的绩效等级。

（7）宽大化倾向。宽大化倾向是一种常见的评价误差行为。受这种行为的影响，考核主体放宽考核的标准，给所有员工的考核成绩都比较高。与此类似的错误还有严格化倾向和中心化倾向，前者是指掌握的标准过严，给员工的考核成绩都比较低；后者是指给员工的考核成绩比较集中，既不过高，也不过低。

为了减少甚至避免这些错误或不当的行为，应当采取以下措施：①建立完善的绩效目标体系。绩效考核指标和绩效考核标准应当具体、明确。②选择恰当的考核主体。考核主体应当对员工在考核指标上的表现最了解。③选择合适的考核方法。例如，强制分布法和排序法就可以避免宽大化、严格化和中心化倾向。④对考核主体进行培训。考核开始前要对考核主体进行培训，指出这些可能存在的误区，从而使他们在考核过程中能够有意识地避免这些误区。

3. 绩效考核的信度与效度保证

绩效考核要求准确而全面，这就对其提出信度与效度要求。绩效考核的信度是指绩效考核的一致性和稳定性。此一致性是指绩效考核不因所用考核方法及考核者的改变而导致不同考核结果的出现，而稳定性是指在一定的时间内重复考核同一个被考核对象所测评的结果应该相同。影响考核信度的因素既有情境性的（如考核时机不同），也有个人性的（如考核者的情绪、疲劳程度、健康等影响），还有绩效定义与考核方法方面的因素，如忽略某些重要的考核维度、各考核者对所考核维度的意义及权重有不同认识等，考核方法自身可能造成差异。为了提高绩效考核的信度，应在考核时对同一维度采用多种方法与角度，请多个考核者进行多次考评，并使考核程序与格式尽量标准化。对考核者进行统一的培训，也有助于信度的改善。

绩效考核的效度是指考核结果与真正的工作绩效的相关程度，即用某一考核标准所测到的是否是真正想测评的内容。为了提高绩效考核的效度，应根据工作职责设置考核的维度和每一维度的具体考核项目，在充分调查研究的基础上，确定每一项目等级设定的级差数和不同维度的权重数，并着重考核具体的、可量化测定的指标，不要流于泛泛的一般性考核。

（四）绩效反馈

绩效反馈阶段主要是通过绩效反馈面谈来完成绩效反馈的任务。当绩效考核结果产生后，企业应立即组织绩效反馈面谈工作，考评者将考评结果及时反馈给考评对象，使其明白工作中的优缺点，讨论工作业绩，挖掘其潜能，拓展新的发展空间，并共同制订出绩效改进的计划且跟踪执行情况。绩效反馈面谈一般发生在上下级之间，这种面谈使上级能够更全面地了解员工的态度和感受，从而加深双方的沟通和相互了解程度。可以说，绩效反馈面谈是整个绩效管理中非常重要的一环，管理者应当予以足够的重视。

为了确保绩效反馈面谈达到预期的目的，管理者和员工双方都需要做好充分的准备工作。

1. 管理者应做的准备工作

（1）选择适当的面谈主持者。面谈主持者应该由人力资源部门或高层管理人员担任，而且最好选择那些参加过绩效面谈培训、掌握相关技巧的高层管理人员作为面谈主持者，因为他们在企业中处于关键位置，能够代表企业组织的整体利益，而且可以适应员工吐露心声的需要，从而有助于提高面谈的质量和效果。

（2）选择适当的面谈时间和地点。由于面谈主要是针对员工绩效结果来进行的，所以一般情况下，选择在员工的绩效考核结束后，在得出了明确的考核结果且准备较充分的情况下是进行面谈的最佳时机。具体的面谈地点可以根据情况需要灵活地掌握。可以选择管理者的办公室、专门性的会议室或咖啡厅之类的休闲场所等。当然，在面谈过程中营造良好的面谈氛围也是重要的，如应尽量避免面谈中电话、访客等的影响。

（3）熟悉被面谈者的相关资料。面谈之前，面谈者应该充分了解被面谈员工的各方面情况，包括教育背景、家庭环境、工作经历、性格特点，以及职务和业绩情况等。

（4）计划好面谈的程序和进度。面谈者事先要将面谈的内容、顺序、时间、技巧等计划好，自始至终地掌握好面谈的进度。

2. 员工应做的准备工作

（1）重新回顾自己在一个绩效周期内的行为态度与业绩，收集准备好自己相关绩效的证明数据材料。

（2）对自己的职业发展有一个初步的规划，正视自己的优缺点。

（3）总结并准备好在工作过程中遇到的相关疑惑问题，反馈给面谈者，请求组织的理解和帮助。

绩效反馈面谈的目的主要是得到员工对评价结果的认可和接受，帮助其分析工作成功与失败的原因，同时提出解决问题的意见和建议等。为此，谈话中应注意倾听员工的心声，并对涉及的客观因素表示理解和同情。要最大限度地维护员工的自尊，使员工保持积极的情绪，从而使面谈达到增进互信、促进工作的目的。

3. 面谈应注意的主要问题

为了达成好的反馈面谈效果，一般要注意做到以下五点：

（1）对事不对人。反馈面谈的重点应置于以清晰的数据为基础的绩效结果上，不要责怪和追究当事人的责任与过错。针对个人的批评很容易引起反感、强辩与抵制。例如，不能出现"你怎么这么笨""别人都能完成，你怎么不行"之类的话。

（2）谈话内容要具体。反馈面谈要拿出具体结果来支持结论，援引数据，列举事实，不要作泛泛的、抽象的一般性评价。要用事实说明组织想看到的改进结果，帮助下级寻找出差距在哪里。例如，反馈时不能只告诉员工"你的工作态度不好"，而应该告诉员工到底怎么不好，比如说"你的工作态度很不好，在这一个月内你迟到了10次"。

（3）要寻找绩效不佳的原因。知道绩效差距，但不知原因何在，难以采取具体的、有针对性的改进举措，即不能对症下药，不能帮助下级真正改进绩效。要引导和鼓励被考核者自己分析造成问题的原因所在，并寻求自行解决的方法，这样会获得更好的效果。

（4）保持双向沟通。要共同解决问题，必须是个双向沟通的过程，不能上级单方面说了算，采取说教的方法。这样只会激起被考核者抵制与防范的心理，而不会有效合作解决问题。

（5）注意说话技巧。由于绩效反馈是一种面谈，因此说话的技巧会影响到反馈的效果。在进行反馈时，首先，要消除员工的紧张情绪，建立融洽的谈话气氛；其次，在反馈过程中，应当以正面鼓励为主，不指责、不批评、不评价员工的个性与习惯，同时语气要平和，不能引起员工的反感；再次，要给员工说话的机会，允许他们解释，绩效反馈是一种沟通，不是在指责员工；最后，控制好面谈时间，一般掌握在 20~40 分钟为宜，该结束的时候一定要结束，否则就是在浪费时间。

为了保证绩效反馈面谈的效果，一般情况下，企业会事先编制出一定格式的绩效反馈面谈表，将相关信息集中反映，避免不必要的遗漏，也便于保存。

三、绩效考核的常用方法

（一）平衡记分卡

平衡记分卡（Balanced Score Card，BSC）是美国哈佛商学院卡普兰和诺顿教授提出的一种建立在客户基础上的计划和程序提升系统，旨在推动组织的变革。它的核心思想就是通过财务、客户、内部经营过程、学习与成长 4 个方面的指标之间相互驱动的因果关系展现组织的战略轨迹，实现绩效考核—绩效改进，以及战略实施、战略修正的目标。在组织与成员就组织战略进行沟通、提供反馈、指导员工行为达到目标的过程中，平衡记分卡扮演了最主要的角色。

平衡记分卡可以在不同的层级上使用。整个组织、子公司甚至在单个员工层次上，都可以使用"平衡记分卡"。无论在何种层次，平衡记分卡方法都涉及确认业务运作的组成部分，为其设定目标，然后寻找方法衡量这些目标的进步。战略层次的平衡记分卡很容易分解成个人层次的记分卡。这些个人和团队记分卡通过组织的个人绩效回顾来强化，评估的依据是记分卡中目标和效标（进一步细化目标的指标）的达成情况。

在实际运用中，要正确对待平衡记分卡实施时投入成本与获得效益之间的关系。平衡记分卡的 4 个层面是彼此连接的，要改善财务方面首先要改善其他 3 个方面，要改善就要有投入，所以实施平衡记分卡首先出现的是成本而非效益。更为严重的是，效益的产生往往滞后较长的时间，使投入与产出、成本与效益之间有一个时间差，这可能是 6 个月，也可能是 12 个月，或者更长。因而，使用平衡记分卡往往会出现客户满意度提高了、员工满意度提高了、效率也提高了，可财务指标却下降了的情况。关键的问题是，在实施平衡记分卡时一定要清楚，非财务指标的改善所投入的大量资金，在可以预见的时间内，可以从财务指标中收回，不要因为实施了 6 个月没有效果就丧失信心了，应该将眼光放得更长远些。

（二）360 度反馈

360 度反馈法也称全方位评价或多源评价。传统的绩效评价主要由被评价者的上级对其进行评价；而 360 度反馈则由与被评价者有密切关系的人，包括被评价者的上级、同事/下属和客户等，分别匿名对被评价者进行评价。被评价者也对自己进行评价。然后，由人力资源部的专业人员收集关于被评价者的评价结果，并对比其自身的自我评价向被评价者提供反馈，以帮助被评价者提高能力水平和改进业绩。作为一种新的系统考核方法，360 度反馈评价得到了广泛应用。

360 度反馈评价的重点是围绕目标员工尽可能全面地收集多方评价观点，其潜在作用包括以下方面：要求员工提供反馈，促进了组织的参与；强化了领导的优良绩效，运用一套多个评定者系统，上级就可以承担起更重要的角色，如绩效指导者，而不是简单地作为绩效的判断者；增进了员工对领导反馈的兴趣；在领导者和他们的下级、同事、顾客和上级之间促成良好沟通；领导行为的改善；将组织文化向更具参与性和开放性的方向变革；在正式的绩效考核中更多地关注输入；综合性强，因为它集中了多个角度的反馈信息；信息质量可靠；通过强调团队和内部、外部顾客，推动了全面质量管理；从多个人而非单个人那里获取反馈信息，可以减少偏见对考核结果的不良影响；从员工周围的人那里获取反馈信息，可以增强员工的自我发展意识。

但 360 度反馈评价仍然有其自身的缺点，如在收集信息、整理信息和提供反馈的过程中，为了保证评价者的匿名性和结果的保密性，花费的管理精力将比较多。同时，由于来自不同方面的意见可能会发生冲突，在综合处理来自各方的反馈信息时仍然会比较棘手。因此，有人提出 360 度反馈评价主要应该服务于员工的发展，而不是对员工进行人事管理，如提升、工资确定或绩效考核等。因为实践证明，当用于不同的目的时，同一评价者对同一被评价者的评价也会不一样；反过来，同样的被评价者对于同样的评价结果也会有不同的反应。当 360 度反馈评价的主要目的是服务于员工发展时，评价者所作出的评价会更加客观和公正，被评价者也更愿意接受评价的结果。当 360 度反馈评价的主要目的是进行人事管理、服务于员工的提升和工资确定时，评价者就会考虑到个人利益得失，所做的评价相对来说难以客观公正；而被评价者也会对评价者的准确性和公正性产生怀疑，在这种情况下，运用 360 度反馈评价有可能不如由上司直接进行评价。

（三）目标管理法

目标管理法（Management by Objectives，MBO）是以工作成果为依据来对员工绩效进行评价的方法，是目标管理原理在绩效评估中的具体运用。在目标管理系统中，要求上下级一起来确定具体的、有一定难度的客观目标。在整个评估期间，管理者对被考核者进行绩效考核的依据和标准就是事先制定的绩效目标。另外，管理者在整个绩效管理过程中，会不断通过反馈的方式来监控雇员实现目标的过程。

具体来说，目标管理法的实施步骤是：确定组织目标；确定部门目标；讨论部门目标；对预期工作成果进行界定；进行工作绩效评价；提供绩效反馈。

需要指出的是，在制定绩效考核标准时通常要遵循以下原则：

第一，遵循 SMART 原则，即所确定的目标要"具体""可度量""可达到""现实性"和"时限性"。

第二，所制定的目标要简洁明了、重点突出。过于分散和复杂的目标会让员工在执行过程中感到无所适从。

第三，制定目标时要充分沟通、达成共识。在确定员工的年度、季度、月度目标时，直线经理一定要和员工进行充分沟通，倾听员工的理解和看法，这样才能使制定出来的目标得到充分的认同，从而被有效执行。

第四，所制定的目标要有足够的激励性。也即让员工"跳一跳才能够得着"，过低的目标缺乏激励和挑战，过高的目标又容易使员工丧失信心。

第二节　企业人员的薪酬与福利管理

一、薪酬的基本知识

（一）薪酬的含义理解

对于企业而言，薪酬是企业的人工成本，是企业总成本的重要组成部分，是企业支付给员工的劳动所得，是交易中企业的义务；对于员工而言，薪酬是员工生活费用的来源保障，甚至是唯一的来源；对社会而言，薪酬是居民的主要收入，是劳动力市场上劳动力供求均衡时的劳动力价格。

薪酬有广义和狭义之分。广义薪酬等同于报酬，指经济性的薪酬和非经济性的薪酬。经济性的薪酬，指员工获得的所有直接薪酬和间接薪酬，直接薪酬与工作直接相关，一般包括基本工资、绩效工资、奖金、津贴与补贴、股权；间接薪酬与工作间接相关，主要是员工福利。非经济性的薪酬指为员工提供良好的工作环境、工作本身的内在特征、组织的特征等给员工带来的非经济性回报。狭义上的薪酬是指经济性的薪酬等。

在本书中所用的薪酬主要是指狭义上的薪酬，定义为：由于工作关系的存在，员工从组织那里获得的所有各种形式的经济收入及有形服务和福利。

薪酬在支付形式上可分为货币薪酬和非货币薪酬。直接以货币形式支付给员工的是货币薪酬，具体包括基本工资、津贴、奖金、加班加点工资、各种股权、期权等；非货币薪酬包括各种福利保险项目，比如带薪休假，各种保险、服务等。

（二）薪酬的构成要素

薪酬构成是指薪酬的各组成部分在薪酬总体中的结构与比例。一般来说，在企业的员工薪酬中主要由基本薪酬、可变薪酬和间接薪酬三部分组成。另外，员工的薪酬中可能还会有津贴与补贴、加班工资，以及特殊情况下支付的工资。

1. 基本薪酬

基本薪酬是指一个组织根据员工所承担或完成的工作本身，或者是员工所具备的完成工作的技能或能力，而向员工支付的相对稳定的经济性报酬。基本薪酬确定的主要依据有所在职位、任职者的能力，以及生活费用及市场薪酬水平。

基本薪酬的主要特点有常规性、固定性、保障性。

2. 可变薪酬

薪酬系统中与绩效直接挂钩的经济性报酬，主要有奖金、绩效工资和股权等。可变薪酬的目的是在绩效和薪酬之间建立起一种直接的联系，而这种业绩既可以是员工个人的业绩，也可以是企业中某一业务单位、员工群体、团队甚至整个公司的业绩。

可变薪酬的主要特点是补充性（基本薪酬的补充）及激励性。

3. 间接薪酬

间接薪酬也称福利，一般包括带薪休假，社会保险、服务及实物福利。员工福利之所以被称为间接薪酬，是因为福利的提供一般不以员工向企业供给的工作时间为单位来计算，一般由企业支付，有时员工承担一部分。

现代企业的福利分为两个组成部分，一部分称法定福利，是根据国家的政策、法律和法规必须为员工提供的福利，在我国它主要是为员工缴纳的各种社会保险（养老保险、失业保险、医疗保险、工伤保险、生育保险）和住房公积金；另一部分是企业为吸引人才或稳定员工而自行为员工采取的福利措施，叫用人单位福利。比如带薪休假、节日礼品、交通工具、工作餐、文化娱乐设施、企业年金、商业保险等。

间接薪酬具有独特价值：可以为员工提供社会保障、体现企业人性化管理、具有规模经济效益等。

4. 其他薪酬

（1）津贴与补贴。津贴与补贴是对职工在工作中的不利因素的一种补偿和生活费用的额外支出的补偿。通常把与工作相联系的补偿称为津贴，如下井津贴、高温津贴、夜班津贴、野外作业津贴等；把与生活相联系的补偿称为补贴，如住房补贴、医疗补贴、取暖降温补贴等。这部分不构成薪酬的核心部分，它在整个薪酬中所占的比例往往比较小。

（2）加班工资。加班工资是指劳动者按照用人单位生产和工作的需要在规定工作时间之外继续生产劳动或者工作所获得的劳动报酬。按照《中华人民共和国劳动法》第四十四条的规定，支付加班工资的具体标准是：安排劳动者延长时间的，支付不低于工资的百分之一百五十的工资报酬；休息日安排劳动者工作又不能安排补休的，支付不低于工资的百分之二百的工资报酬；法定休假日安排劳动者工作的，支付不低于工资的百分之三百的工资报酬。

（3）特殊情况下支付的工资。根据国家法律、法规和政策规定，因病、工伤、产假、计划生育假、婚丧假、事假、探亲假、定期休假、停工学习、执行国家或社会义务等原因按计时工资标准或计时工资标准的一定比例支付的工资。

（三）薪酬的功能体现

作为员工为组织提供劳动和服务而得到的回报，薪酬是对员工的补偿和激励，构成企业重要的经营成本、帮助企业达成战略目标，并成为人力资源市场上调节劳动力流动的杠杆。

对员工而言，薪酬具有补偿和激励功能。员工与企业建立起雇佣关系后，在企业提供的工作场所，使用相应的原料、资料，通过劳动（脑力劳动和体力劳动）制造产品、提供服务，为企业创造价值。价值创造过程中，员工必然伴随着脑力和体力的消耗和减损。企业则通过向劳动者支付薪酬，使员工得以获得自身以及家人生存所必需的生活资料，以及员工接受教育和培训花费的费用。薪酬的激励功能则表现在薪酬的给予要符合公平性原则：薪酬的给予要尊重价值规律，多劳多得，使员工的薪酬与企业内外有可比性的职位相比时具有竞争力。

对企业而言，薪酬不仅是成本，更是帮助企业达成战略目标的重要途径。在企业的管理体系中，薪酬是成本管理的重要内容，薪酬总额直接影响着企业经营总成本的高低。同时，薪酬总额高不一定意味着企业在成本上有优势。在企业的发展战略中，高工资不仅意味着企业要付出更多的人工成本，更意味着可以吸引到更优秀的人才，从而为企业创造出更高的绩效、帮助企业达到战略目标。此时的高薪酬可以给企业带来更高的绩效回报。一般而言，与市场水平持平或者比市场平均水平稍高的薪酬战略能更好地吸引、保有和发展人才，从而提高企业的竞争力。

在人力资源市场上，薪酬作为重要的信号，影响着劳动力的供求和流向。这体现在同一行业和不同行业领域。同一行业中，不同企业的薪酬水平在某种意义上代表了各自的竞争力，从而引导人们在不同企业之间流动；不同行业中，各行业薪酬的平均水平又代表了各行业在整体人力资源市场上的竞争力，薪酬高的行业一般是对知识、技能和能力水平要求较高的行业，通常也是劳动力供不应求的行业，薪酬低的行业一般是进入门槛低的行业，劳动力供给往往超过需求。作为人力资源市场的无形指挥棒，薪酬自动调节人们在各行业、各企业之间的流动。

二、企业人员的薪酬管理

薪酬管理是指在组织发展战略的指导下，对组织内所有员工提供的劳动和服务确定合理的薪酬水平、薪酬结构以及薪酬形式的过程。

（一）薪酬管理的重要决策

薪酬管理的重要决策包括薪酬体系决策、薪酬水平决策、薪酬结构决策和薪酬管理政策决策。

第一，薪酬体系决策。薪酬体系决策的主要任务是确定员工基本薪酬的基础是什么。国际上通行的薪酬体系主要有三种：职位（或称岗位）薪酬体系、技能薪酬体系和能力薪酬体系。企业在确定员工的基本薪酬水平时所依据的分别是员工从事工作的自身价值、员工自身的技能水平，以及员工具备的胜任素质或综合性任职资格。

第二，薪酬水平决策。薪酬水平是指企业中各职位、各部门以及整个企业的平均薪酬水平。薪酬水平决定了企业薪酬的外部竞争性。

第三，薪酬结构决策。薪酬结构指的是同一组织内部的薪酬等级数量以及不同薪酬等级之间的薪酬差距大小。一般而言，企业要通过正式的或非正式的职位评价和薪酬调查来确保薪酬结构的公平与合理。

第四，薪酬管理政策决策。薪酬管理政策主要涉及企业的薪酬成本与预算控制方式以及企业的薪酬制度、薪酬规定和员工的薪酬水平是否保密等问题，薪酬管理是否公平与员工的满意度有紧密关系。

（二）薪酬战略的主要类型

1. 薪酬战略与企业的发展战略

发展战略解决的是企业扩张、收缩还是稳定的问题。

采取成长战略的企业关注市场开发、产品开发、创新以及合并等内容。内部成长战略通过整合利用组织所有的资源强化组织优势，注重自身力量的增强和自我扩张；外部成长战略试图通过纵向一体化、横向一体化或多元化来扩展企业的资源，强化市场地位。采用发展战略的企业在薪酬设计上适合短期内提供水平较低的固定薪酬，同时实行奖金或股票期权等计划使员工在长期获得丰厚回报。其中，采用内部成长战略的企业可以将薪酬管理的重心放在目标激励上，采用外部成长战略的企业可以把薪酬管理的重心聚焦于规范化和标准化。

采用收缩战略意味着企业由于面临严重经济困难而不得不缩小一部分经营领域。此时企业的薪酬管理重点是将员工收入与经营业绩挂钩。不少企业会通过薪酬制度设计鼓励员工与企业共担风险。

稳定战略或集中战略是指企业在自己已经占领的市场中选择自己能够做得最好的部分，然后把它做得更好。此时企业薪酬管理的重心应该是内部一致性、薪酬管理的连续性以及标准化，基本薪酬和福利的比例较大，而且相对稳定。

2. 薪酬战略与企业的竞争战略

竞争战略是指企业如何在既定的领域中通过一定的战略选择来战胜竞争对手的问题，包括创新战略、成本领袖战略和客户中心战略。

创新战略，以产品的创新、产品生命周期的缩短为导向，其管理强调客户满意度和客户的个性化需要，因此，薪酬管理的重心要放在对产品创造和新的生产方法、技术的创新给予足够的报酬或奖励。此时企业的基本薪酬应以人力资源市场上的平均水平为基准，且高于市场水平。

成本领袖战略即低成本战略，是指企业的产品质量与竞争者趋同，但产品价格要低于竞争对手。此时的薪酬设计是在与竞争对手薪酬水平相当的前提下尽量降低薪酬成本支出。通常，薪酬设计者会提升可变薪酬（或奖金）的比例以控制薪酬成本，并激励员工进一步提高生产率。

客户中心战略，是指通过提高客户服务质量、服务效率、服务速度等来赢得竞争优势。客户满意度是管理者最关心的绩效指标，对客户服务的数量和质量也就相应成为员工获得薪酬的决定性因素。

（三）薪酬管理与其他人力资源管理职能的关系

薪酬管理体现了雇佣关系的本质，即员工提供相应的劳动和服务，组织付出相应的薪酬作为回报。薪酬以及薪酬管理构成企业与员工双方关系的重要内容。作为人力资源管理的重要职能之一，薪酬管理与其他人力资源管理职能有不可割裂的紧密关系。

1. 薪酬管理与人力资源规划

人力资源规划的核心是人力资源的供需平衡，薪酬管理和人力资源规划是互为影响的关系。人力资源的需求情况直接决定相关的薪酬体系、薪酬水平和薪酬结构；薪酬管理政策的变化又可以直接影响到组织内人力资源的供需程度。比如，可以通过提高员工薪酬水平的方式提高组织整体的工作效率，从而降低人力资源的供给；也可以通过对某类工作岗位薪酬待遇的倾斜，打造此类工作岗位在外部人力资源市场的吸引力，从而为企业在某领域的人才储备和扩张做准备。

2. 薪酬管理与工作设计

工作设计是人力资源管理的基础性环节，也是薪酬管理的基础性工作。薪酬体系、薪酬水平和薪酬结构的设计都要依赖组织设计和工作分析的基础性工作。科学合理的组织设计和工作分析会给薪酬管理打下坚实的基础，科学合理的薪酬管理体系与组织设计和工作分析相辅相成。工作设计的变化必然引发薪酬管理的联动，工作设计得不合理也会给薪酬管理带来无法绕开的麻烦。

3. 薪酬管理与员工招聘

薪酬管理是影响员工招聘的重要因素，一个企业的薪酬待遇是否公平、合理，有竞争力，是企业能否吸引人才的重要因素，很多时候会成为最重要的因素。一个企业采取何种薪酬待遇反映了这个企业所处的生命周期、战略阶段、市场竞争力，甚至是组织文化。真正公平、合理而有竞争力的薪酬政策会成为企业吸引人才的名片。

4. 薪酬管理与培训开发

薪酬管理和培训开发是有效地保留、激励人才的重要手段，薪酬管理和培训开发的决策常常以绩效管理阶段的绩效考核为依据，这两个人力资源管理的职能决策常常带有很大的相互关联性。比如，经常获得绩效加薪的员工也意味着有更多的职业发展机会，而薪酬待遇的降低也通常与转岗培训或在岗技能开发联系在一起。

5. 薪酬管理与绩效管理

薪酬管理是否公平、科学、有竞争性，在很大程度上与一个企业是否真正实行了绩效管理有很大关系。只有把绩效管理环节的绩效计划、绩效实施、绩效评价、绩效反馈和沟通等工作真正做扎实，才能体现薪酬管理体系的公平、科学和有竞争性。尤其是如果绩效评价环节出现各种各样的问题，那么，基于绩效评价基础上的薪酬管理就会给组织带来更大的不公平和不确定。

6. 薪酬管理与员工关系

薪酬管理通常可以作为员工关系是否和谐的重要指标或维度。薪酬管理做得好的企业，就能促进员工关系的和谐；薪酬管理做得不到位的企业，员工关系很容易出现问题。那些有条件接受并实践先进薪酬管理理念（比如全面报酬）的企业，也就意味着员工更可能兼顾工作和生活，在工作中获得更大的成就感，也就意味着员工与企业双赢的局面更容易达成。

（四）薪酬管理的最新进展——战略性薪酬管理

薪酬管理理论的最新进展——战略性薪酬管理强调以企业战略为牵引，通过对组织内外环境的分析，选择科学合理的薪酬策略，系统地设计薪酬体系并实施动态管理，使之促进企业战略目标的实现。战略性薪酬管理是目标达成、愿景实现的重要工具，也体现了人力资源部门作为企业战略合作伙伴的现代特征。那么，如何才能使企业的薪酬体系真正成为实现企业战略目标的重要工具，战略性薪酬决策要考虑哪些重要问题，薪酬战略如何与企业发展战略相匹配，战略薪酬管理要着力考虑以下问题：

第一，人力资源部门薪酬管理的决策首先要基于组织内外面临的环境，也就是机遇和挑战，SWOT分析（态势分析）是常见的一种方法。人力资源部门要把企业所处的环境分析透彻，从而为自己的薪酬管理定位。企业内外部重要的环境包括人力资源市场情况、立法和相关政策、劳资谈判、组织的支付能力和高层管理者的态度，还包括企业的目标、规划、愿景、文化和价值观，企业当前的人员队伍结构和利益诉求，当地社区的影响等。

第二，在 SWOT 分析的基础上，制定与企业战略相匹配的薪酬决策。薪酬体系的制定要具备外部竞争性和内部一致性等重要特征。不同行业、不同发展阶段的企业适用于不同的薪酬战略，企业在薪酬体系、薪酬水平、薪酬结构和相关制度规定的制定上都要综合考虑各种因素。20 世纪 90 年代以来，发达国家企业薪酬管理成为企业战略的有机链条，呈现以下新特征：具有人力资源开发功能的薪酬方案成为首选的管理模式，薪酬调查和相关信息的获得越来越受到重视，长期的员工激励计划日益受到关注，跨国公司（尤其是外派员工）的薪酬设计成为创新热点，公开的薪酬管理越来越成为时尚等。

外部竞争性或外部公平性，是指与外部人力资源市场从事相同（类似）工作（岗位）的员工的薪酬相比，本企业的薪酬水平是否有竞争力。

内部一致性或内部公平性，是指企业内部不同职位（岗位）之间薪酬水平的差异是否具有公平性，是否都是基于同样的标准（岗位评价、技能水平、胜任素质或者综合标准）。

第三，执行薪酬战略并根据环境做相应的调整。薪酬管理从理念、工具到真正运用的过程就是薪酬战略的执行。在执行的过程中，薪酬管理者依然要注意变动着的组织内外部环境，并相应调整自己的薪酬战略。不管是战略执行还是战略调整，薪酬管理要围绕企业的战略目标，达到推动企业变革，增加团队合作意识，增强员工的认同和忠诚，加大员工的自由度，激发对新知识、技能和胜任素质的学习与掌握的热情。

三、薪酬体系的不同分类

（一）职位薪酬体系

职位薪酬体系是一种传统的确定员工基本薪酬的制度，建立在完善的工作设计基础上，通过职位本身的价值决定该工作岗位上员工的薪酬水平。在我国，职位薪酬也就是通常讲的岗位工资。

职位薪酬体系的实施有一个基本的前提假设，即组织内实现了充分的职位（岗位）和员工的匹配，不存在人—岗不匹配的情况。职位薪酬反映的是以工作为导向的薪酬结构。1950 年，国际劳工组织在日内瓦会议上提出了对生产操作岗位进行岗位评估的四项要素——劳动责任、劳动技能、劳动强度和劳动条件（简称"日内瓦范本岗位评估法"），这项原则也就成为国际上通用的岗位评估原则，这四项因素也就成为岗位工资的基本付酬因素。职位薪酬具有明显的优点：①员工获得与其承担的工作相应的薪酬，实现了真正意义上的同工同酬；②基本上只考虑职位/岗位本身而不是出于某职位/岗位上具体的人的因素，有利于按照职位系列进行薪酬管理，操作简单，管理成本低；③工作与薪酬的关系清晰，稳定性强，有利于成本控制。其缺点则在于：①薪酬与职位（岗位）直接挂钩，晋升无望则无法获得大幅度的加薪，因此员工的工作积极性会受挫，甚至会出现消极怠工或离职现象；②由于职位（岗位）相对稳定，不利于企业对变动的外部环境做出迅速反应，也不利于及时激励员工。

职位薪酬体系出现在科学管理时代，是一种影响深远的、具有基础意义的薪酬体系形式，在世界范围内获得最长久和最广泛的应用，体现了实现科学管理的企业在组织结构和工作设计方面所做的扎实、规范和系统的基础性工作。

（二）技能薪酬体系

技能薪酬体系中，组织将根据员工所掌握的知识和技能的范围、深度及类型来支付薪酬，而不是根据他们所占据的职位支付薪酬。之所以出现这样一种新的发展趋势，是基于以下几个主要原因：①由于越来越多的企业开始围绕团队进行组织管理，因此，企业常常希望员工能够在不同的职位之间进行轮换，从而掌握几种不同的技能；②当很多人在某个项目上或流程中共同工作时，他们所从事的工作内容会越来越具有重叠性；③技能薪酬可以支持公司的战略。比如，索尼公司的战略强调小型化和精细化制造，这就意味着索尼公司应根据员工在这两个关键性战略领域中所掌握的技能和知识来支付报酬，而不仅仅是他们被安排的具体岗位。

职位薪酬中，员工的薪酬与职位相匹配，薪酬往往与员工在某一薪酬等级中停留的时间或资历联系；技能薪酬中，无论职位变动与否，薪酬的确定都与员工所掌握的技能熟练程度而非资历相关，组织会提供更多的员工培训和开发，以帮助员工扩展不同的技能、适应不同的职位，从而强化组织的灵活性，也使员工在发展机会上有更广阔的选择。许多大公司把按技能付酬的方案应用于生产人员，由此产生的灵活性，员工才干与满意度的增长等使这些公司受益匪浅。在中国，技能为主的薪酬模式也早就存在，只不过很多技能导向工资制导向了资历、学历而非技能，这就会使其效果大打折扣。

当然，实行技能薪酬计划的组织也要有相应的管理和辅助系统支撑计划的施行：①一个用来确定特定技能的系统，以及一个将员工的薪酬与技能水平挂钩的流程；②一个能够让员工寻求帮助和获取技能的培训系统；③一个正式的能力测试系统；④一个能够让员工在不同的职位之间转换，从而使工作安排具有一定灵活性的工作设计系统。

技能薪酬体系适用于生产技术是连续流程性的或者规模大的行业以及服务业，如化工、食品加工、保险、咨询、医院、电子和汽车等行业。就具体的岗位而言，技能导向的工资模式适合技术类、部分操作类岗位。

（三）能力薪酬体系

能力薪酬体系的建立有赖于组织对能力的深刻理解和重视。这里的能力特指胜任能力同胜任素质，即实现某种特定绩效或表现出某种有利于绩效实现的行为的能力。在这种薪酬体系的设计中，组织关注的是员工身上体现出的能够帮助实现企业战略目标的胜任能力。根据胜任素质模型，能区分高绩效和低绩效员工的胜任素质包括知识、技能、社会角色、自我概念、特质和动机六个方面的内容，其中知识和技能是最表层的内容，其他四个方面是胜任素质中的深层次内容，也是决定人们行为和表现的关键因素。不同行业、不同企业会根据自己的发展战略构建适合本组织发展的胜任素质模型，通过清晰地界定组织发展需要的员工胜任素质，推动员工行为的改变以及高绩效的达成。

相对而言，能力薪酬体系的适用需要特定的组织特征，比如企业已经发展到一定阶段，人力资源的竞争直接影响组织在市场中的竞争力，人力资源管理的重点已经转移到员工的胜任素质，并通过人力资源的规划、招聘、开发和绩效考核等各环节将胜任素质模型比较系统而完备地实施。在药品研发、计算机软件以及管理咨询等行业中，能力薪酬模型的使用使员工关注并发展组织需要的胜任素质，从而提高组织的整体绩效。

和前两种薪酬体系相比，能力薪酬体系的实施需要在前两种工具的基础上，实施以胜任素质为主的一系列管理措施。比如，能力分析和能力认证取代了职位分析和职位评价、技能分析和技能认证；员工的关注点从寻求晋升或寻求技能的提高转为寻求胜任本职工作的能力的改善；组织的胜任素质要素替代传统的报酬要素（比如工作条件、工作责任、工作强度等）；同时，管理者要提供能力开发的机会，确保能力能够带来价值的增值，并通过能力认证和工作安排控制成本。

能力薪酬体系管理的优点表现在，激励员工持续地学习，保持人员流动的灵活性；但是，这种薪酬管理方式会存在潜在的弊端，并且要求管理者有较高的成本控制能力。

四、员工福利

实际上，薪酬发展的历程，就是福利越来越丰富的过程。从早期的计件工资，到计时工资，再到包括薪资、福利、学习与成长、工作体验、以人为本的整体薪酬，变化最大和最多的就是福利。

（一）福利概述

福利的本意是生活上的利益。员工福利特指对员工生活的照顾，其目的在于帮助员工解决生活上的后顾之忧，使员工有更多的时间及精力投入到工作中去。

广义的福利泛指在支付工资、奖金之外的所有待遇，包括社会保险在内。狭义的福利是指企业根据劳动者的劳动在工资、奖金，以及社会保险之外的其他待遇。更广义的福利可指员工从企业得到的除工资奖金以外的所有好处的总和，包括工作体验、学习与成长。

1. 福利的主要特点

与基本薪酬与可变薪酬等直接薪酬相比，福利具有以下几个特点：

第一，福利是间接性报酬。福利之所以被称为间接薪酬，是因为它与基本薪酬和可变薪酬存在一个明显的不同：它不是以员工向企业供给的工作时间来计算薪酬的组成部分。

第二，多以实物或服务形式支付或延期支付。直接薪酬多采用货币支付和现期支付，而福利一般以实物或服务的形式支付，或延期支付的形式。

第三，固定性。直接薪酬与个人岗位、能力与绩效相联系，具有一定的可变性，而福利往往具有一定的固定性，一般不会因为岗位、能力的改变，绩效的好坏而变化，因此，有类似固定成本的特点。

第四，集体性与均等性。大多数的员工福利是一视同仁的，通过集体购买提供给全体员工，或者以公共物品的方式让全体员工享用。与直接薪酬相比，福利的差异性较小。但集体性与均等性的福利多是一般福利，许多企业还会为一些高级人员或核心员工提供一些高层次的特殊福利，如住房、弹性工作时间、额外的休假等。

第五，福利具有补充性。员工福利是员工工资收入的补充，用以满足员工生活的需要，在工资的基础上起到了一种保障和提高的作用。

2. 福利的重要作用

福利也是企业薪酬的重要组成部分，对员工、组织起着重要作用。

福利对员工的作用：第一，税收优惠，员工所得的福利收入大部分不用交纳个人收入所得税。第二，集体购买优惠或规模经济效益。员工福利中的许多内容是员工工作或生活所必需的，即员工自己也要花钱去购买的，而在许多商品和服务的购买方面，集体购买具有较多的优势，能够得到一定优惠，体现出规模经济效益。第三，保障员工及家庭生活。

企业提供的福利很多是针对员工和家庭生活，为其提供实物与服务，提高员工及家人的生活质量；同时法定福利为员工退休及生病、失业等情况下提供保障，提高其安全感。第四，满足多样化需要。不同的员工，甚至同一个员工在其职业生涯的不同阶段，对福利的项目偏好都是不同的。现在很多企业都在实行弹性福利计划，通过让员工选择不同的福利套餐来满足员工各个方面的需要。

另外，大多数的员工福利是一视同仁的，通过集体购买提供给全体员工，或者以公共物品的方式让全体员工享用，可满足员工平等与归属的需要。

福利对组织的作用：第一，吸引员工，培养员工的忠诚度。良好的福利使员工无后顾之忧。以前，组织主要靠高工资来吸引优秀员工，现在许多企业家认识到，良好的福利有时比高工资更能吸引优秀员工。福利还可以使员工有与组织共荣辱之感，培养员工的忠诚度。第二，激励员工，良好的福利会提高员工对组织的满意度，并减少员工的后顾之忧，进而激发员工自觉为组织目标而奋斗的动力。第三，凝聚员工。员工福利为企业全体成员的身心健康与才能的发展以及改善生活环境等创造了良好的条件，并且在一定程度上缩小了生活差距，使广大员工有了"公平感"和"平等感"；因此就有助于培养员工为集体而劳动，发扬集体主义精神，对稳定劳动集体和消除人员流动现象也有着重要作用。第四，享受国家的优惠税收政策，提高企业成本支出的有效性，员工福利计划所受到的税收待遇往往要比货币薪酬所受到的税收待遇优惠得多，如免税或税收递延。这就意味着，在员工身上所花出去的同等价值的福利比在货币薪酬上所支出的同等货币能够产生更大的价值。第五，体现了人本管理的理念。福利的本意是对员工生活的照顾。因此，企业提供的福利项目也多与员工的生活需求相关，体现了对员工的关心、关注，能更好地体现企业以人为中心的管理理念。

3. 员工福利的类型

不同的企业福利内容不同，但一般可以分为两类，即国家法定福利与企业自主福利。

（1）国家法定福利。

国家法定福利是政府要求企业为雇员提供的一系列保障计划，包括法定社会保险、住房公积金和法定假期。

法定社会保险。法定社会保险是国家通过立法而建立起来的旨在保障劳动者在暂时或永久丧失劳动力时，或在工作中断期间的基本生活需求的一种保险制度，具有强制性、政治性、有限性、工具性。目前我国规定的法定社会保险有养老保险、工伤保险、医疗保险、失业保险、生育保险，也就是通常所说的企业"五险"。

住房公积金。住房公积金是指用人单位和其在职职工缴存的长期住房储金。住房公积金由两部分组成，一部分由职工所在单位缴存，另一部分由职工个人缴存。职工个人缴存部分由单位代扣后，连同单位缴存部分一并缴存到住房公积金个人账户内，专项用于住房消费支出的个人住房储金，具有积累性和专用性两个特征。

法定假期。法定假期主要有每周的公休假日、法定假日（如国庆节、元旦、劳动节等）、带薪年休假及探亲假、婚假、丧假、产假与配偶生育假等其他假期。

（2）企业自主福利。

企业自主福利，即企业为满足职工的生活和工作需要，自主建立的，在工资收入和法定福利之外，向职工本人及其家属提供的一系列福利项目。企业自主福利形式多样，往往结合企业自有资源、支付能力及员工需要而设计。通常有健身设施、职工食堂、节假日礼品以及企业补充性保险（如企业年金）、其他实物和服务等。

（二）弹性福利计划

传统的企业福利项目固定统一，基本上考虑不到员工福利需求的差异，难以满足员工的个性化需求。福利设置缺乏弹性，缺乏实效性，员工缺乏参与权，员工对福利缺乏认同感。从 20 世纪 90 年代，弹性福利模式兴起，成为福利管理发展的一个趋势。

弹性福利计划又被称为"自助餐福利计划"，其基本思想是让员工在一定的约束条件下，按照自己的意愿对自己的福利组合计划进行选择，它体现的是一种弹性化、动态化，并强调员工的参与。

员工的这种福利选择会受两个方面的制约：一是企业必须制定总成本约束线；二是每一种福利组合中都必须包括一些非选择项目，例如社会保险、工伤保险以及失业保险等法定福利计划，其他如健康计划等企业福利项目。

1. 附加福利计划

实施这种弹性福利计划，不会降低原有的直接薪酬水平和福利水平。它通过提供给员工一张特殊的"福利卡"，员工根据自己的需要自行购买商品。发放给员工的"福利卡"中可使用的金钱额度取决于员工的任职年限、绩效水平等。"福利卡"中的金钱必须花完，不能提取现金。

2. 核心加选择型福利计划

由"核心福利"和"弹性选择福利"所组成，前者是每个员工都可以享有的福利，不能自由选择；后者可以随意选择，并附有价格。

核心福利项目包括健康保险、人寿保险以及其他一系列企业认为所有员工都必须拥有的福利项目的福利组合。

企业会将所有这些福利项目的水平都降低到各项标准要求的最低水平上，然后让员工根据自己的爱好和需要选择其他的福利项目，或者增加某一种核心福利项目的保障水平。

3．标准福利计划

企业同时推出不同的福利组合，每一个组合所包含的福利项目或优惠水准都不一样，员工只能选择其中一个弹性福利制。性质如同餐厅里的套餐消费，只能选择其中一个，但不能要求更换套餐的内容。

一个福利组合与另外一个福利组合之间的差异可能在于福利项目的构成不同，也可能是同样的项目构成，但是每种福利项目的水平之间存在差异。

4．选高择低型

一般会提供几种项目不等、程度不一的福利组合供员工选择，以组织现有的固定福利计划为基础，再据以规划数种不同的福利组合。

这些组合的价值和原有的固定福利相比，有的高，有的低。如果员工看中了一个价值较原有福利措施还高的福利组合，那么他就需要从薪水中扣除一定的金额来支付其间的差价。如果他挑选的是一个价值较低的福利组合，他就可以要求企业发给其间的差额。

（三）员工福利规划与管理

1．员工福利规划

在企业的福利规划和决策过程中，主要解决两个方面的问题：一是企业需要决定提供什么样的福利，二是为谁提供何种福利。

（1）提供什么样的福利。对于为企业员工提供什么样的福利项目及其水平，应首先了解国家对于福利的立法，即法律有关法定福利的相关规定，满足福利的合法性要求；其次，企业应开展福利调查，对外调查同行业尤其是竞争对手福利项目及水平，对内调查员工的福利需求，使得企业福利具有对外竞争性同时又符合员工福利需求；最后，对企业福利成本及财务状况进行分析，对福利项目进行筹划。

如果企业实施弹性福利计划，企业还需要在限定福利水平的条件下，提供更多的福利项目供员工选择。

（2）为谁提供何种福利。福利规划还要明确福利的提供对象，一般情况下，企业会提供一些集体福利供组织内的全体员工享用，如员工食堂、节日福利；同时，企业还会提供一些特殊福利，如对企业的高层管理人员及核心员工提供一些高级福利，为生活中遇到困难的员工进行帮扶。

另外，福利体现以人为中心，会考虑员工及家庭的需求。因此，有些福利的提供还会考虑员工是否结婚，家庭及父母情况等，如某些企业为远离家庭或父母的员工提供探亲假。

2. 福利管理

第一，处理福利申请。在一般情况下，员工会根据公司的福利制度和政策向公司提出享受福利的申请，而企业此时就需要对这些福利申请进行审查，看其申请是否合理。

第二，进行福利沟通。福利沟通的目的在于提升员工对福利的感知，同时，了解员工的福利诉求，另外，还可以获得员工对福利管理的反馈意见，进一步完善企业福利管理。

企业中目前所采用的福利沟通策略主要为：通过书面制度及员工手册、座谈会及答疑会，以及电子邮件、微信等网络平台进行沟通。

3. 进行福利监控与调整

福利的实施必须考虑组织内外环境的发展变化，而近些年，福利领域变化较快，因此，必须加强福利监控，并对企业福利进行相应的调整。

首先，监控有关福利的法律变化。有关福利的法律法规也经常发生变化，组织应关注其变化并适时调整，避免违反国家的法律法规。

其次，监控员工福利需求和偏好的变化。员工的福利需求会随时间及员工队伍的变化发生变化，因此，为更好地满足员工的福利需要，需要加强员工福利需求调查，及时了解员工的福利需求及偏好的变化，调整福利项目。

再次，监控其他企业的福利变化。福利已成为薪酬的重要组成部分，成为吸引人才及留住人才的重要手段，因此，企业应关注其他企业尤其是竞争对手的福利变化，及时调整福利项目及水平。

最后，监控本组织福利成本变化。企业内外部提供的福利都会发生变化，企业还应监控组织福利成本变化，分析企业福利支付能力，并提高福利支出的有效性。

第三节　企业人员的职业生涯管理

从个人的角度讲，职业活动几乎贯穿于人一生的全过程。人们在生命的早期阶段接受教育与培训，为的是为职业做准备。从青年时期进入职业世界到老年退离工作岗位，职业生涯长达几十年，即使退休以后仍然与职业活动有着密切的联系。职业不仅是谋生的手段，也是对个人的生活方式、经济状况、文化水平、行为模式、思想情操的综合反映，也是一个人的权利、义务、职责以及社会地位的一般性表征。

对于组织来说，不同的工作岗位要求具有不同能力、素质的人担任，把合适的人放在合适的位置上，是人力资源管理的重要职责。只有使员工选择了适合自己的职业并获得职业上的成功，真正做到人尽其才、才尽其用，组织才能可持续发展。组织能不能获得员工的情感认同，能不能充分调动员工积极性，关键因素在于组织能不能为员工创造条件，并对他们的职业进行管理，使他们有机会获得一个有成就感和自我实现感的职业。

一、职业生涯的概念及特点

（一）职业生涯的概念

职业生涯的概念大致有两种观点。一种观点是从某一类工作或某一组织出发，把职业生涯看作其中一系列职位构成的总体；另一种观点则把职业生涯看作个人的一种功能，而不是某种工作或某一组织的功能。由于每个人几乎都经历过一系列独特的工作、岗位经验，这种观点认为，每个人实际上都在追求一个独特的职业生涯。综合学者们的观点，我们将职业生涯界定为一个人与工作相关的整个人生历程，是一个人在一生中所经历的与工作、生活和学习有关的过程、经历和经验。对于职业生涯的定义，我们可以做如下理解：每个人只有一个职业生涯历程，不管他从事多少工作或经历多少个岗位，都是他职业生涯的一部分；职业生涯是一个连续的过程，从接受教育为职业做准备直到退出工作领域；职业生涯是不断变化的过程，会经历不同的组织和不同的工作岗位；职业生涯没有专业的限制，任何与工作相关的经历都可以称为职业生涯，包括自由职业者或进行进修等。

（二）职业生涯的特点

职业生涯具有时间性、独特性、主动性和不可逆转性的特点，了解职业生涯的特点能帮助我们进一步了解职业生涯。

1. 时间性

与人的自然成长规律一样，职业生涯的发展具有阶段性。这种阶段性一般是根据工作年限来划分，且每一个阶段都会表现出不同的职业特点，如成长阶段、探索阶段、确立阶段、维持阶段和衰退阶段每个时期的职业特点和职业内容都有所不同，组织在不同的时间段，对员工的管理也不相同。各阶段之间并不是简单的并列关系，而是一种递进关系，前一阶段是后一阶段的基础，前一阶段的状态越好，后一阶段的状态才有可能越好。另外，每个人经历的组织和岗位，或者从事某个职业的时间也不一样，有的人一生只从事一种职业，但有的人一生之中会从事各种不同的职业。

2. 独特性

每个人的价值观、人格、能力、成长环境、受教育背景等各不相同，导致每个人所从事的职业也不相同，其职业生涯会存在很大差异，如有的人适合或有兴趣从事销售工作；但有的人却适合或有兴趣从事研发工作。正是由于这种差异性的存在，每个人的职业生涯设计都应该是个性化的。职业生涯规划只有是个性化的，才能对自己的职业生涯发展具有切实的指导意义。此外，差异性并不妨碍人们对职业生涯发展规律的认识和运用。对职业生涯的差异性和自身的独特性认识得越充分，职业生涯管理才会更有针对性。

3. 主动性

职业生涯是一个人一生连续不断的发展过程，每个人都会主动去规划和管理自己的职业生涯，比如，主动地寻找适合自己的工作，希望能够有更好的成长和发展的机会。所以，善于规划并有明确目标和强烈进取精神的人可能会成长得快一些、好一些；而不善于规划，没有明确目标的人可能会成长得慢一些。但是，不管怎样，随着时间的推移，每个人都会在不同方面有不同程度的成长。

4. 不可逆转性

一个人由幼年到成年，再到老年，这是一个不可变更的自然发展过程，它必须遵循从生到死的规律，想重来是不可能的。职业生涯发展过程也是一样，具有不可逆转性。有些人到了职业生涯的一定阶段后，往往会后悔之前没有好好珍惜，或者没有去合理规划，但是之前的职业生涯已经不再可能改变。职业生涯发展的不可逆转性提醒人们要充分重视职业生涯发展中的每一步，因为今天的每一个选择，都可能影响你的下个选择。每个人都应该正确认识职业生涯的不可逆转性，好好规划自己的职业生涯才不能留下遗憾。

二、职业生涯管理的内涵理解

一般来说，职业生涯管理是组织和员工个人对职业生涯进行设计、规划、执行、评估和反馈的一个综合性的过程，通过员工和组织的共同努力与合作，使每个员工的生涯目标与组织发展目标一致，使员工的发展与组织的发展相吻合。因此，职业生涯管理包括两个方面。

（一）基于个人角度

从个人的角度来讲，职业生涯管理是指一个人有目的地对自己的技能、兴趣、知识、动机和其他特点进行认识，获取职业信息并进行职业选择，同时为实现自己的职业目标而积累知识、开发技能的过程。个人可以自由地选择职业，但任何一个具体的职业和岗位，都要求从事这一职业的个人具备特定的条件，如受教育程度、专业知识与技能水平、身体状况、个性要求及品质要求等。并不是任何一个人都能适应任何一项职业的，这就产生了职业对人的选择。一个人在择业上的自由度很大程度上取决于个人所拥有的职业能力和职业品质，而个人的时间、精力、能力毕竟是有限的，要使自己拥有不可替代的职业能力和职业品质，就应该根据自身的潜能、兴趣、价值观和需要来选择适合自己的职业，这就需要对自己的职业生涯进行管理。因此，人们越来越重视职业生涯的管理，越来越看重自己的职业发展机会。

（二）基于组织的角度

从组织的角度来讲，对员工的职业生涯进行管理，集中表现为帮助员工制订职业生涯规划，建立各种适合员工发展的职业通道，针对员工职业发展的需求进行适时的培训，给予员工必要的职业指导，以促使员工职业生涯的成功。组织是个人职业生涯得以存在和发展的载体。所以，员工的职业发展不仅是其个人的行为也是组织的职责，比如工作分析、员工筛选、员工培训、绩效管理等人力资源管理活动的重要作用在于为组织找到合适的人选，并为组织的发展提供人力资源保障。然而人力资源管理活动还越来越多地在扮演着另外一种角色，这就是确保员工在组织中找到自己的职业方向，并且鼓励员工不断成长，使他们能够发挥出其全部潜能。这种趋势得到强化的一个信号是，许多组织越来越多地强调和重视员工职业规划和职业发展。

综上所述，个人和企业都应该对员工的职业生涯进行管理，以实现员工的职业理想，帮助企业吸引人才。但是在本书中，职业生涯管理作为企业人力资源体系的一部分，我们侧重于讲述作为一种组织管理职能的职业生涯管理，即组织对员工的职业生涯管理。所以，我们将职业生涯管理界定为：组织为了更好地实现员工的职业理想和职业追求，寻求组织利益和个人职业成功最大限度的一致化，而对员工的职业历程和职业发展进行计划、组织、领导、控制等所采取一系列的方法。对于组织而言，职业生涯管理是组织的一项管理职能，最终目的是通过帮助员工实现职业理想，而达到组织既定的目标，在职业生涯的管理中会使用计划、组织、领导、控制等各项管理方法。职业生涯管理是组织对员工在本企业中的职业发展历程所进行的管理，包括为员工设计职业发展路径，确定职业发展方向，提供职业发展机会和平台，提供培训与开发机会，以帮助员工实现职业目标。

三、职业生涯管理的意义表现

对于企业来说人是最重要的资源。企业一方面想方设法保持员工的稳定性和积极性，不断提高员工的业务技能以创造更好的经济效益；另一方面，企业又希望能维持一定程度的人员、知识、观念的重新替代以适应外界环境的变化，保持企业活动和竞争力。而开展职业生涯管理工作则是满足员工与企业双方需要的最佳方式。所以，职业生涯管理对个人和组织者具有极为重要的意义，主要表现在以下几个方面。

第一，可以优化组织人力资源配置，提高人力资源利用效率。职业管理中的一个基本问题是"员工适合做什么"，要回答这个问题就要明确员工的职业倾向、能力素质等。首先，员工在进入组织时，组织通过各种方法对员工进行测试和评价，了解员工的特长、能力、气质、性格、兴趣等，在充分了解员工之后再把员工放在合适的岗位上；其次，可以使企业获得培训需求的信息，基于员工的职业发展计划的各项培训会得到员工的支持和认同，有效的培训使得员工能更好地适应工作，满足工作岗位上所需要的知识和技能；最后，如果企业中出现岗位空缺，就能结合员工的个人能力和素质，根据人岗配置原则对员工进行调动、整合、和再配置等活动，以便合理配置企业内的工作岗位。因此，加强职业生涯管理，使人尽其才、才尽其用，可以优化组织人力资源配置，提高人力资源利用率。

第二，提高员工满意度，降低员工流动性。组织通过对员工的潜能评价、辅导、咨询、规划和培训等为其提供了更大的发展空间，使员工发展更有目的性，员工可以确定自己的职业定位、职业兴趣、职业路径等，有助于员工实现自己的职业目标和职业理想，从而提高员工满意度。另外，员工在理解企业人力战略的情况下结合自身特点提高自身素质，会把自身利益与企业发展更紧密结合起来，岗位的适应性也能大大提升一个人的满意度，从而能使员工的流动性降低。

第三，使组织和个人共同发展，保持企业和员工的竞争优势。现代企业都处于复杂和动态的环境之中，任何企业都难以摆脱某些事件的影响，比如企业常常面临兼并、收购重组或精编性裁员等不期而遇的变化，这时组织结构就会变化，员工的职务也会变化。通过职业生涯管理，组织有长期的人才战略规划，能应对此类动荡造成的影响，也能保持企业持久的竞争优势；对员工来说有较强的知识和技能，就能应对企业大量裁员的困难，同时也不会因为组织变化而造成失业；组织和员工只有在一种通力合作的前提下，才能共同发展，在激烈竞争的环境中保持优势，而职业生涯管理能达成组织和员工通力合作。

第四，创建优秀的企业文化，实现"以人为本"的管理思想。企业文化的核心理念是企业员工具有共同的价值观和行为方式，"以人为本"的管理理念是充分尊重并满足员工个人正当合理的发展需求。企业进行员工职业生涯规划就是强调和肯定人的重要性，给员工提供不断成长、不断挖掘潜力并取得职业成功的机会和条件，从而创造一种高效率的工作环境和引人、育人、留人的积极向上的健康的企业文化。

第五，有利于创建"学习型企业"，促进企业的发展。员工职业生涯管理的核心是鼓励学习、鼓励创新、鼓励竞争。企业通过员工职业生涯管理，能构建一种善于学习、积极向上、不断进取、健康活泼的企业文化氛围，培养和造就大批能将企业发展目标和个人奋斗目标较好结合的、对企业忠诚的、勇于创新的各类人才队伍，从而为企业在激烈的市场竞争中处于不败之地奠定坚实的基础。

第四节　胜任力模型的建立与应用

由于经济的高速发展，企业的人力资源管理也迎来了新的机遇与挑战。由于传统的人力资源管理体系已经不再满足现代企业的发展，所以需要对管理体系进行相应的转变。然而在传统的人力资源管理的研究过程当中，最为重要的研究方向就是岗位，工作人员也只是岗位的附属，所以管理的中心思想就是根据岗位的职能进行人员的招聘，并且按照岗位的要求对人员开展考核、培训等各项工作。可是随着时代的不断发展，使得信息技术与知识经济得到了相应的提升，这也让现代企业的人员、职位、组织开始向着动态化的方向发展，所以企业的人力资源管理需要变得更加灵活，只有这样才能够充分地发挥出人员的能力。

一、胜任力与胜任力模型概述

（一）胜任力

对于胜任力而言，其实就是在特殊环境当中，就比如工作岗位、文化氛围、组织环境等，对成绩优异的员工与普通员工进行深层次区分的特征。胜任力的主要特征表现分为以下三个方面：

首先，胜任力与员工的工作岗位要求有着十分紧密的联系。这也说明了胜任力在一定程度，上会受到岗位特征、工作条件、工作环境等因素的影响。比如一个非常重要的知识技能在某个岗位当中可以起到非常的作用，可是运用到另一个的岗位当中就很有可能成为限制发展的主要因素。

其次，就是胜任力与员工的工作绩效有着十分紧密的联系，甚至可以说是对员工未来工作绩效的预测。

最后就是使用胜任力这个概念，能够对绩效优秀的员工与普通员工进行有效区分。也可以说它使得两种员工在胜任力表现当中展现出的差异性。也正因如此，企业可以把胜任力作为考核与招聘的重要依据。

(二) 胜任力模型

对于胜任力模型而言，其实就是对个别角色的胜任力水平与特征进行描述的综合体。"通过胜任力模型分析个体特点、工作态度和行为动机，分析个体的知识、技术和各方面的能力，对各项胜任力要素进行计算和评估，从而判断出个体的绩效情况，实现对人力资源潜能的有效挖掘与利用，助推组织朝着更好的方向发展。"[①]

胜任力模型的主要特征可以将其分为三个方面：

第一为行业特色，胜任力模型能够对行业当中所有员工的素质要求进行充分的反应。其中也包含着员工的技能范围与知识范围，甚至还包含着所有服务客户的认知程度等。

第二为企业特色，能够反映出企业对特定人员的要求，同时还能够把要求细分为行为方式。尽管是同一行业当中两个不同的企业，但是还是会受到经营目标、策略、文化等因素的影响。通常情况下，企业对人员的能力素质等方面的要求，都拥有着相同的条件，但是对企业能力素质的行为方式的要求，无法做到完全的一致。

第三就是阶段性，胜任力模型的行为模式与企业经营拥有着十分密切的联系，所以这也说明了胜任力模型拥有较强的阶段性，可以根据企业经营目标与策略的变化，从而进行相应的转变。

---

① 崔婕. 当人力资源管理遇到胜任力模型 [J]. 人力资源, 2022 (15): 72-73.

二、建立胜任力模型的步骤

首先，企业管理人员应该结合实际情况对行业特点与发展方向进行明确的分析，并将工作的重点放在核心业务上，进而确保胜任力模型的科学性与合理性，最大限度地筛选出符合自身发展情况的员工。

其次，要根据不同岗位的实际需要，在员工中随机的抽取样本进行调查研究，可以利用问卷调查的形式获取相关数据，进而为后续的模型搭建提供依据。

最后，要根据模型的搭建状况进行评估确认，并利用沟通的形式打消员工的顾虑，使员工可以对企业的发展具有一定的认同感，进而可以将自身认为不足的情况进行反馈，帮助管理人员进行优化和完善，并最终确认绩效考核标准，真正发挥胜任力模型在企业人力资源中的作用，保证其发挥效果，为企业的长远发展创造良好的条件。

三、胜任力模型在人力资源管理中的应用及完善

随着新经济时代的到来，使得企业人力资源管理发生了相应的转变，胜任力模型成为管理的新思路，并且还在很多方面得到了相当广泛的应用。其实人力资源管理就是一个动态管理的过程。也正是因为人力资源管理的所有环节都拥有着不同的业务方法与业务内容，所以可以利用胜任力模型进行合理的应用，从而为其提供相应的参考标准，并清楚描述工作与岗位的胜任力，同时还可以通过胜任力模型，对企业的人力资源进行合理有效地开发与利用。相比于传统的人力资源管理，应用了胜任力模型的人力资源管理可以说是拥有着很多的优势，无论是在方法方面，还是在理念方面。

（一）胜任力模型在人力资源管理中的应用

1. 在招聘与任用中的应用

在传统的人力资源管理当中，企业要想进行人才的招聘与任用，大多都是对应聘人员的知识、技术等外显特征进行重点考察，也正是因为管理人员过于侧重外显特征，从而导致应聘人员的潜在特征经常会被忽视，所以这就很有可能给企业带来十分严重的损失。为了有效避免这种情况的出现，可以在招聘与任用的过程中进行胜任力模型的应用，这样就能够有效减少这类情况的出现。然而在招聘任用过程当中进行胜任力模式的使用，不光需要管理者对胜任力有一个充分的了解，同时还需要企业明确岗位胜任力的要求。除此之外，管理人员还需要进行胜任力模型的建立，只有这样才能够对下属资源进行相应的管理

与开发，以此把胜任力人力资源管理的理念传承下去。

在使用胜任力模型进行招聘与任用的时候，不但需要把技能要求与工作标准作为招聘评价，还需要利用胜任力模型对应聘者潜在的特征进行全面的考察，让管理人员根据岗位胜任力的要求，对面试考题进行针对性的开发。同时还可以对问题进行相应的设置，这样不但能够让招聘拥有着更高的成功率，还能够对岗位人员进行最合适的选择，在这样的基础条件上，就可以把胜任力构建成为人力资源管理系统。除此之外，管理人员还可以利用胜任力模型将企业与员工核心能力的系统信息进行相应的传递，从而让企业文化得到相应的发展，这样不但能够让招聘任用的效果变得更加清楚与明确，同时还能够让员工根据自身的素质特征发展适合自己的道路。并且还可以对管理人员起到相应的引导作用，让管理人员根据胜任力评估结果对人员进行合理的调整。对拥有相同素质的员工进行更加深入的培养，对于那些不同能力的人员可以将其调整到其他岗位当中，这样就能够让人岗匹配的目的真正实现。

2. 在培训与发展中的应用

在胜任力模型当中最为重要的核心作用就是培训与发展。也正因如此，企业可以按照岗位的要求，对胜任力模型进行相应的建立，同时还能够使用胜任力模型对相应的岗位开展课程体系培训，根据职业的发展情况，对其制定相应的专业培训与技术培训，这样就能够增强培训课程的体系化与专业化。除此之外，还可以对所有在职人员进行胜任能力评估，从而对员工的能力优势与弱项进行充分了解，同时也可以明确员工能力与胜任力模型要求的差距，这样就能够更好地寻找到企业能力当中的短处，并对其制定针对性的培养方案，不断提升企业优势。也正是因为在企业培训当中进行胜任力系统的使用，使得企业对培训投入变得更加的明确，这样不但可以更好地帮助企业进行业务的发展，同时还能够明确人才培养的重点，以此来对培训开发的成本投入进行最大程度减少，然后企业还可以根据素质评价结构，来对培训项目与计划进行相应的调整。

3. 在绩效管理中的应用

人力资源管理的过程当中，绩效管理可以说是最为重要的环节之一，其中包含着很多种考核内容，就比如业绩考核、专业技能考核、知识考核等。然而在传统的绩效管理的过程当中，只包含着员工业绩的考核。所以企业要想对绩效管理进行改进，可以利用胜任力模型对绩效考核体系进行相应的设计，这样就能够让考核体系变得更加的系统化与科学化，同时还能够全面与真正地反映出员工的综合表现。这样就可以及时奖励那些工作表现较好的员工，从而让员工拥有更高的工作积极性。对那些考核成绩不够好的员工，可以根据胜任力模型与员工的考核标准对其制定针对性的培训，不但能够让对员工的绩效进行相应的改善，同时还能促进企业长远发展。在绩效管理当中进行胜任力模型的应用，不但能够对员工的核心能力进行充分了解，还能够帮助企业对员工进行潜能的开发，这样就能够让员工的专长与技能得到相应的发挥。

4. 在薪酬管理与激励中的应用

对于薪酬管理体系而言，可以说是人力资源管理当中最为重要体系之一，能够通过职业晋升与薪酬等多种形式来引导员工进行职业的选择，并让员工对自身素质进行不断提升，以此来推动职业的发展。在薪酬管理当中进行胜任力模型的使用，可以建立相应的胜任力薪酬管理系统，这样就能够对员工的个性、创造力、能力给予一定的尊重，从而改变企业对人才的界定，以此来对员工进行激励，让其更好地实现自身的价值。这也说明了把胜任力模型与薪酬管理进行相应的融合，能够让胜任力的人力资源管理系统的作用得到最大发挥。对于胜任力薪酬管理系统而言，不但能够更好地帮助企业引进更多高素质与高潜力的人才，同时还能够相应地提升管理者与员工的知识技能，以此来让员工充分发挥自身的优势，并有效落实企业当中人力资源管理系统的作用。

（二）胜任力模型在人力资源管理体系的应用完善

1. 完善胜任力模型的考核体系

随着时代的不断发展，使得市场的竞争环境变得十分激烈。所以有些企业为了更好做适应市场环境，就开始了不断的扩张。可是由于环境的激烈变动，使得不可控的因素变得，甚至还对企业的工作结构产生了十分严重的影响，这也导致考核指标无法再适应当前的环境变化。如果没有相应的考核标准，就会对那些自主性强的员工产生困扰，同时也会使得工作过程，变得无法监督，工作结果也缺乏统一的标准。也正因如此，相关企业需要对员工的考核进行合理的调整，同时还需要对员工能力的考核与态度的考核进行适量的增加，只有让员工拥有着较高的工作能力与较强的工作态度，才能够让工作结果与效率得到相应的提升。总体而言就是应该对胜任力模型的考核体系进行不断完善，并且还需要把考核的重点放到能力与态度的考核当中。

2. 完善胜任力模型的薪酬体系

由于时代的不断发展，使得经济逐步变得信息化与知识化，同时也使得企业组织的结构变得越来越扁平化与弹性化。也正因如此，使得企业工作小组与团队的作用变得越来越重视，逐渐成为组织结构当中最为重要的单位。在同一个工作小组当中，并且没有对员工之间进行较为清晰的工作划分，只需要让大家共同协作，从而一同努力，创造更高的绩效。工作说明书主要作用其实就是对岗位任务与职责进行更加细致的划分，可是如今工作说明书的性质已经发生了转变，成为规范岗位的工作任务与性质以及任职者的能力与技术的规范标准。因此薪酬体系也应该以个人能力与职位为基础，对其进行合理的转变，让其能够更好地满足员工的要求。就比如宽带薪酬体系，这种体系可以根据不同员工的个人能力，对其进行全新的薪酬设计。在这样的薪酬体系的影响下，员工的能力可以得到更加全面的提升，同时还可以更好地适用到各种工作当中，使员工个人的职业生涯拥有更多的发展途径，从而让工作内容变得更加的丰富。企业也能够更加灵活地进行工作安排，对编制进行合理地压缩，让员工的潜力可以得到更加充分的发挥，同时还可以最大程度地降低企业的人员成本。

3. 完善胜任力模型的培训与开发体系

企业要更好地进行胜任力模型的应用，可以将胜任力模型当作培训课程的指导依据，这样就能够让培训课程得到更加针对性的设计。企业还可以根据岗位的不同，从而设置不同的胜任力要求，以此来对岗位当中的员工进行合理的评价，比如：员工的综合素质、员工的能力特点、员工的知识水平等，这样就能够及时发现员工工作当中存在哪些不足。企业可以根据员工的知识水平，对员工的短板进行针对性的课程设计，这样不但能够让培训工作得到有效开展，同时还能够让全体员工的综合能力与素质得到显著的提升，从而让员工拥有更好的绩效成绩。

由于时代的不断发展，使得传统的人力资源管理已经无法再满足企业发展的需求，但是为了让人力资源管理流程变得更加的完善，让管理工作拥有着更高的效率，就必须让企业对胜任力模型的使用提高重视。只有这样才能够让企业吸引更多高质量的人才，从而更好地推动企业可持续的发展。

第四章 企业人员激励与知识管理

第一节 企业人员的激励理论透视

在激励员工时，如果抛开员工的内心需求谈激励只能是空谈，如何在企业发展的过程中，不断满足员工物质和文化发展的需求，成为开展员工激励工作的出发点。员工受到激励的原因是自己内心存在渴望成功的欲望。激励之所以有效，原因有两个：第一，当员工处在事关自己切身利益的事情面前，就会对事情的成败分外关注，而趋利避害的本能会使其把面临的压力变为动力；第二，工作对于多数员工来说，可能首先是谋生的手段。但是工作的含义绝不仅仅止于为了谋生，马斯洛的需求层次论是激励理论中最基本、最重要的理论之一。它把员工的需求从低到高分为五个层次：生理需求、安全需求、社交需求、尊重需求、自我实现需求。谋生只属于人的初级需求。此外，人还有精神层面的高级需求，因为人不同于动物的一个重要区别之一，就是人不会仅仅因衣食丰足而心花怒放，放弃追求，只有在工作和事业上的满足才能让人产生真正持久的快乐，焕发出值得信赖的工作热情。

一、员工的激励特征

激励员工的手段可分为物质手段和精神手段两种。物质激励包括金钱、物化待遇、福利等，精神激励包括工作的乐趣、工作的意义、晋升、培训、精神的归属等。现在，员工的需求是多种多样的，建立一个适应员工实际需求的激励机制对激励的成功显得格外重要。不同时期，员工诉求的倾向不同。

（一）自我意识

随着经济的发展、文化的变迁，特别是独生子女政策的影响，新一代青年的自我意识日益明显，他们的一个共同特点是：对待合理的个人利益被无故侵占，容忍度非常低。特别是受教育程度比较高的员工，掌握企业生产发展所需要的知识，具备某种特殊技能，他们更愿意在一个受尊重、具有基本的成就感的工作环境中工作。

作为一名员工，对自己的品德和才能、优点和缺点、特长和不足、过去和现状，以至自己的价值和责任，都会有一定的自我认识。对自己的这些认识是否符合本来面目和实际情况，就会出现诸多差异。有些人容易看到自己的优点和长处，对自己的弱点和错误却不甚敏感；有些人看到自己存在很多问题，但却看不到自己的主要问题；也有些人看到自己的弱点和不足，却看不到自己的长处。

（二）成就欲望

根据马斯洛的需求层次论，自我实现需求是员工的最高层次的需求。当员工怀有渴望成功的想法时，这个员工会是一个有自尊、富于创造力和工作激情的人，也是一个容易找到激励点的员工。有强烈的成功愿望的员工希望工作不但是谋生的手段，而且可以体现自己的能力价值。毫无疑问，希望通过努力工作获得一定的物质报酬、社会的尊重、上级的器重、个人的声望等想法，对于管理和激励员工来说是一件好事，但是过分强烈的成功愿望也会有负效应，它会使怀有这种强烈愿望的人变得沮丧、烦躁和急功近利。

企业应该是员工实现自我价值的乐土。一个企业若想帮助员工满足事业成功的愿望，就必须因人而异，根据每个人的特长、兴趣爱好、能力水平，帮助其选择最佳的工作岗位，使其感到找到了理想的表演舞台；针对人才的愿望、能力、潜质，帮助其拟定一个能体现企业和个人共同发展的发展规划，增强努力进取的内在动力；根据能力大小，提供相对应的岗位，并让其唱主角，最大限度地发挥每个人的作用。

（三）学习发展愿望

技术的进步、社会变化节奏的加快，使得员工对未来充满了憧憬和欲望，由此产生了增长自己能力的强烈需求，学习、更新和探索成为他们日常需要的一部分。随着社会的发展，学习已经渗透到人生的每个阶段。对于企业员工来说，不断的学习意味着他们没有被快速的知识更新和社会发展所抛弃，不断的学习可以帮助员工在社会中找到生存、发展的机会。

企业的员工待遇不仅仅指金钱和物质待遇。一个长期、细致的培训计划可以使员工觉得自己在企业获益良多；反之，如果只有物质待遇，没有为员工今后的发展提供进一步学习的培训计划，那么这个企业就很难留住那些渴望不断进步的员工。

二、激励员工的方法

在众多的需要中最为人渴望得到而又未得到满足的需要就是优势需要，它对人的行为起决定作用。在具体管理操作时，管理者需要先找到每个员工的优势需要。比较常见的员工的优势需要有以下几个：

第一，让工作富有挑战性。为员工提供一个富于挑战性的工作。因为不断重复的程式化工作最能消磨员工的工作热情，而挑战不但可以焕发员工的工作热情，而且可以让员工快速进步。当把一个员工放在一个需要经过艰苦努力才能达到目标的岗位上时，这个员工会感受到极大的压力，如果管理者给予必要的鼓励和支持指导，员工会在完成工作的过程中体会到很多课堂上学不到的知识和技能。

第二，良好的沟通。协作的前提是沟通，企业应该建立畅通的交流渠道，员工可以通过这些渠道提问题，诉说关心的事，或者获得问题的答复。企业鼓励员工畅所欲言的方法很多，如员工热线、意见箱、小组讨论、经理举办答疑会等。当管理者看到下属有出色的表现时，不要吝啬给予及时现场表扬。对于利益高于一切的员工来说，口头表扬可能是"只听楼梯响，没见人上来"；但对于追求上进的员工来说，它却意味着是领导的关注和真诚的鼓励。随处可做的口头表扬被认为是当今企业中最有效的沟通激励办法。

第三，用客观标准衡量员工。永远用客观的眼光看待员工几乎是一件不可能的事情，因为在人员管理的各项工作中几乎都可以看到主观意识的干扰和影响。在评价员工时，所有的信息都要经过人，通过人脑来处理和决策，对人对事的倾向难免或多或少地影响到最后的结论。所以，管理者需要随时提醒自己不要忘记自我控制，在评价员工表现时把主观的影响降到最低。工作业绩只是一个对员工评价的客观依据。企业是一个务实、追求效率的工作场所，工作业绩仅代表员工对企业贡献的多寡。

第四，激励要因人而异。由于不同员工的需求不同，相同的激励措施起到的激励效果也不尽相同。即便是同一位员工，在不同的时间或环境下，也会有不同的需求。由于激励取决于内因，是员工的主观感受，所以激励要因人而异。在制定和实施激励措施时，首先要调查清楚每个员工真正需要的是什么，将这些需要整理、归类，然后再制定相应的激励措施。

第五，真诚地对待企业员工。管理者对待员工的真诚不等同于一览无余的幼稚，它是建立在公正、无私的基础上的以诚相待，管理者在员工面前不需带着或薄或厚的假面具，应该敢于把自己的真实面目显露在员工面前。因为只有真诚才能赢得员工对管理者的真正信任及对管理者各种性格特征的包容，也只有真诚才能换来员工对企业的忠诚。所以，真诚面对员工是对管理者工作行为的一种高标准要求。

第六，不要用金钱代替精神奖励。优厚的薪资当然重要，但是许多其他的事物同样是激励员工工作积极性的要素，如奖罚公平、工作具有发展性等。从激励的效果看，金钱带来激励效果往往持续的时间短，最能够持续地、深入地激励员工的因素应该是员工可以在企业中找到自己的精神归宿。

第七，鼓励员工追求过程公平，不要过分看重结果公平。员工在工作中难免将自己的报酬与其他人比较，如果员工感到不公平，会造成其因心理失衡而倍感失望，甚至导致不再努力工作以及跳槽的后果。管理者在设计薪酬时，员工的经验、能力、努力程度等应当在薪水中获得公平的评价。只有在公平的激励机制下，才能激发员工的工作热情。

第八，信守自己的承诺。好的管理者一定要记得自己的承诺，并采取适当的行动。如果答应下属的事却轻易食言，将损害下属对企业管理者的信任和依赖感。因此，每个管理者都应该对下属的承诺负责。不轻易地承诺，一旦有所承诺，就要言出必行。

第九，以人为中心。当今经济的发展要求企业员工具有灵活性、创造性、积极性。因此，人力资源的管理必须树立"以人为本"和"人高于一切"的价值观。这种价值观认为员工是公司最为重要的"资产"，他们值得信赖，应当受到尊重，能参与和工作有关的决策，会因为受到鼓励而不断成长，以及希望实现他们自己的最大潜力。

第二节　企业人员的激励机制研究

随着中国经济国际化日益深入，现代化企业要不断完善人力资源管理体系，而人力资源在现代企业管理中至关重要。近年来，现代企业在人力资源方面不断变革。"如今，现代企业人员的价值观有别以往，企业人员个性更加明显，具有很大的创造性，企业要充分调动当代企业人员的工作激情，提高人力资源管理工作中激励机制的运用效果。"[①]

---

① 邵威娜. 简析激励机制在企业人力资源管理中的运用［J］. 商业观察，2022（19）：82-84+92.

一、激励机制的内涵及其重要性

（一）激励机制的内涵阐释

激励机制就是在企业人力资源管理工作过程中科学地运用一些激励措施，以增强人员的岗位热情，进而提升企业员工的主观积极性，并帮助人员在岗位上有效突破困难和取得良性进展。在企业人力资源管理中建立完善的激励机制，必须从物质方面和精神方面出发，利用物质奖励和精神鼓励有效奖赏企业人员，使企业员工取得合理的物质奖励，以饱满的工作激情全心全意投身到企业工作中。

在企业人力资源管理中建立激励机制，可以推动企业长期、平稳地健康发展。在企业中建立激励机制，人力资源管理机构必须科学合理地设计和策划方案，并建立健全相应的机制、标准制度以及奖惩举措，以便在日常工作中合理地实施激励，有效提升企业员工的工作绩效。激励目标对于企业的整个流程具有导向效果，进而影响企业激励的主要方向，与此同时还能促进企业员工在实际工作过程中正确地为企业目标而奋斗，并且多多得到奖赏，因为只有当企业制定一个明确合理的奖惩制度，才能给企业员工提供明确的方向，使其向着这一方向奋斗，进而不断提高企业整个团队的绩效。首先，激励目标和组织努力的目标一致。一旦存在目标不一致的现象，对企业发展而言都是毫无意义的，无法实现增加企业效益的目的。其次，奖励目标一定要合乎有关规定。无论哪一条绩效考核规定都要符合道德规范的条件，当出现对企业运营产生负面影响的情况时必须依据有关规定解决，不应徇私。最后，奖励目标的制定必须从企业员工切身利益出发，才能激励企业员工持续地奋斗，促进企业目标更快地完成，提升企业的品牌价值。

（二）激励机制在企业人力资源管理中的重要性

第一，有利于提高企业员工的积极主动性。管理是企业做好人才配置的一种关键手段，高水平的技术可以促进合格的人员在正确的工作岗位上保质保效地进行管理工作，以便于发挥人员的人生价值。把激励理论运用于管理中，需通过科学的岗位绩效考核评估系统对人员的岗位状况做出绩效评估，同时通过考评结果给人员的岗位奖励、工资发放等方面提供了参照依据，使岗位成绩较好的人员获得良好薪酬，人员的工作积极性也将被完全调动起来。

第二，有利于完善人力资源管理结构。人力资源管理工作包含诸多内容，包括人员招聘、绩效考核等。而为了推动企业快速发展，需要发挥所有企业人员的功能，在此过程中激励起着不可或缺的作用。激励机制的运用能够更加健全企业的人力资源管理架构，使企业在人力、物力等多种层面，按照人员需要为其提供一个目标，进而调动其工作动机，推进企业总体运作，绩效得到改善。激励机制的运用在丰富企业人力资源管理结构的同时，还可以避免人员短缺状况，确保企业人才保持平衡，降低企业在招聘、培养等方面的成本，对企业效益的提高具有一定作用。

第三，提高企业员工的集体感和归属感。企业每位人员的状况不相同，可能或多或少会提出自己的个性需求。所以，在企业发展过程中，不但要关注企业绩效及人员工作业绩，更要关注人员的个性要求及其心理状况，尤其是企业相对关键的职位，如果企业不关注人员的个性状态，将会导致人员不满或辞职，这对于企业发展而言必然是一个相当大的损失。因此，企业人力资源管理部门需要通过合理运用激励机制，有效增强企业人员的集体感与归属感，使企业员工体会到企业的规划和关怀，并看到自己未来发展的方向，尽量减少企业人员流失，使企业员工可以更加真心实意地为企业谋发展、找出路，从而增强企业的经济实力。

二、人力资源管理中激励机制的应用问题及对策

（一）人力资源管理中激励机制的应用问题

一是激励机制人性化不足。企业的管理机制必须以员工利益为出发点，也就是说任何一种机制的设置都必须以员工利益为主要考察对象，并结合企业实际情况制订差异化的管理机制，以全面提高员工的工作积极性。当前许多企业提出的激励机制都十分简单，不符合人性化需求，导致企业人员对激励不感兴趣，而机制本身又有着相当多的问题与缺陷。

二是激励机制较为陈旧。激励机制陈旧的问题在国内企业中相当常见，多数企业仍选择奖励等作为激励职工的主要方式，但大都选择平均的方式，尽管表面来看比较平等，但在实践中并无法发挥实际的激励效果。此外，对于机制的创新缺失，也是制约企业人力资源管理水平提升的一个原因。部分企业也在积极吸纳优秀管理模式，但是因为形势、企业实际等因素导致实际执行成效往往和预想有着很大差异，更造成资金耗费。

三是部分企业领导层对激励机制缺乏认识。当前，部分企业的管理人员并未充分认识到在人力资源管理工作中激励机制的重要意义，还存在认识上的误解。例如，在企业领导眼中，激励机制无非都是给人员涨薪水，增加员工各领域方面薪酬，又或者有的企业主管

片面地觉得这会纵容员工的行为，对其鼓励就好好工作，不鼓励就会消沉懈怠，但实际上这种认识是不科学的。理论上认为，企业的激励机制要素不单是指增加员工的其他物质薪酬，同时也表现在员工综合实力和素质上的提升，因为只有员工感受到被肯定、被重视，才会为公司发展与壮大而奋斗。部分管理人员对激励机制的理解不很全面，显然是将激励与货币薪酬混为一谈，而这种管理理念实际上是比较落后的。再者，激励机制的产生并不仅仅是对员工嘉奖，也含有一定的处罚。所以，从这一视角分析，激励机制是奖惩分明的，重点是对员工的全面业绩进行考评。

四是绩效考核评价体系不健全。企业人才激励要想得到全面落实和使用，必须有一定的企业绩效考核评价管理体系作支撑，才能有效地使用激励机制。但就这一方面来说，当前不少企业在成长的历程中都未能形成与之相配套的绩效考核评价管理体系，还有些企业的绩效考核存在很大漏洞，导致企业绩效考核管理工作无法顺利完成，激励也就很难落到实处。

(二) 健全企业激励机制的重要举措

1. 建立健全绩效考核机制

薪酬激励是企业人力资源管理中激励制度的核心内容，因此，企业人力资源管理部门要注意科学合理地建立薪酬体系。工资激励的效果最为直观有效，对工资制度实施改革，是对企业职工进行激励的关键切入点。基于企业的历史背景和特点，企业需要在理解职工实际需要的基础上，根据不同的工作岗位和不同的岗位状况，建立绩效考核工作机制，使用合适的奖励手段实现激励目的。比如营销岗的绩效考核就是每个月的实际绩效；人力资源工作需要为企业在某个时期内招聘多少优秀人才，给各个部门带来新的血液；而一些经理岗则必须实行绩效考核，才能加强企业机制功能，并贯彻到实际中，真正为企业发展发挥作用。综合运用激励方法，能够充分调动职工的积极性和创造力，进而推动企业取得进一步的发展。

企业人力资源管理部门在建立工资制度的过程中，要立足于岗位管理制度，确保岗位管理制度的规范化与完整性。企业人力资源管理部门在建立考核机制的过程中，应根据企业的绩效宗旨，适时发布企业内部对企业员工的考评指标体系，考核流程要公平、公正、透明，考评结果有据可依，让企业员工能够通过考评指标体系严格要求自己，并调整自我成绩。人力资源管理部门设定的绩效考核指标体系必须是具体的衡量指标体系，才能通过对各种各样的指标体系进行考评。比如在成本指标、质量指标、业绩指标、数量指标、品质安全指标等几个方面考评。这样，对企业的全体职工实施全方位考评，实现公平、公正和公开，考评结果便能够将职工的业绩水准直接体现出来。在全员评价的过程中，需要合理分析评价的权重，最后才能把评价结果和培训、晋升等联系到一起，推动人员有效提升。合理的绩效规章制度可以通过与激励措施相配合进行落实，促进员工良性发展。

另外，企业人力资源管理部门还要对各岗位开展评价，并对各岗位的劳动价值进行综合评估。企业人力资源管理委员会要对企业内部各岗位人员的工作能力以及相对应的岗位价值进行评估，并按照内部各职位人员的工作能力与岗位价值的符合程度，制定具体的工资等级。科学合理的薪酬体系，可以激发全员的岗位主动性，促进职工充分发挥价值。

2. 实施差别化激励机制

所谓的差异化激励机制，根据马斯洛五种能力论，即根据人员职位和层级、工作需要，选择有特定差异化能力的激励机制方式手段。企业要重视员工职业生涯规划，为员工创造多渠道的发展通道，并采取差别化激励手段促进员工蓬勃发展，从而带动企业发展壮大。对基层生产、工勤人员来说，物质和财务奖金都是主要的鼓励手段。而随着基层的晋升发展空间逐渐狭小，基层单位员工的工作积极性很容易降低。因此，在职位设置无法纵向扩大的情形下，可采取专业技能职级评定制，同时，将职务与工资挂钩，以横向扩大每一个职位工资档次，以提高对薪酬的刺激效应。对于管理者，他们所要求的就是工作能力被肯定，得到更多的提拔机遇，所以，要拓宽管理招聘机制，当管理职位空缺时，可以采用公开选拔办法择优选用人员。此外，增加管理人才培训机会，增加人才储备。高层管理者（企业负责人）则更为重视个人价值的自我实现。企业负责人也是企业运营绩效的关键。但由于国有企业负责人往往有着政府官员和经营者双重身份，因此无法切实实现按市场价格定位工资，按照企业经营绩效实施考核，对备案登记的准出激励机制也没有规范健全。国企应进一步健全企业激励约束制度，国企负责人采取按类别、层次管理相适应，与选任办法相配套的差别化待遇分配体制。对政府组织任用的国有企业负责人按年度待遇水平限高，并对经过市场化选聘的国企管理人员按照企业经营管理业绩、风险和责任，制定市场化程度待遇。

3. 为员工制定合理的职业规划

企业通常都是采用定岗定责的职业工作机制，根据劳动者的专业技术知识水平和自我适应性为其进行工作定岗。但由于每个人对本职工作技术的熟练程度和个人的性格不一致，所以，企业内部需进行工作轮岗制，规定企业员工必须在一定的工作时期内对不同的职业岗位加以试用，企业再为员工挑选合适自己的工作岗位。在培训工作中需要结合企业的实际情况，不能盲目培训，企业不同时期、不同人员需求的培训内容是不同的，首先是企业组织层面的培训，培训内容主要针对企业的战略发展。比如在信息化方面、商务往来方面、国际化视野和客户需求等。其次是个人培训，内容主要针对员工绩效考核方面的需求。因此，在一定程度上需要对员工的工作和实际绩效标准之间的差距进行分析，再了解其以后职业发展之间的差距，在培训学习的过程中有效缩小差距。而企业给员工安排合适的工作岗位和职业岗位，能够增加企业员工对自己的认同感，从而调动员工的工作激情。职业规划体现在企业为员工提供晋升机会，对员工的职务级别加以明确界定，并在规定的工作期限范围内考核人员的职务级别，同时进行职业技术考评，达到条件者即晋升至一定的职务级别。

综上所述，激励机制作为人力资源管理的重要手段，在每个企业管理中都有着无可替代的作用。建立健全企业人力资源激励机制，能更好地提高员工的工作动力，发挥最大的主观能动性，增强员工的工作认同感和集体荣誉感。

第三节　企业知识管理的内容框架

知识经济是指建立在知识和信息的生产、分配和应用基础上的经济。知识经济是一种全新的、涉及领域极宽的经济现象。"随着知识经济时代的全面到来，知识、技术、人才逐步成为企业发展的核心竞争力。"① 目前有关知识与人之间关系的研究非常热门，因为知识经济对企业人员的管理产生了与传统的人事管理截然不同的理念和方法，这种改变在某种程度上可以说是颠覆性的改变。

一、知识管理的概念及特点

（一）知识管理的概念界定

知识经济使得创新受到越来越多企业的重视，但是企业的创新并不是唾手可得的一件事，它需要企业的良好的环境和精心培养。一个能够不断创新的企业必须拥有一个优秀的知识管理系统，这是企业具备知识管理的能力的基础。知识管理不等同于办公室技术的使

---

① 朱姝. 知识经济时代企业的管理创新策略研究 [J]. 商展经济，2022 (24)：149-152.

用、企业内部网络的建设，它与其说是每个企业目前都面临的新话题，不如说是走在那些前面的企业迫在眉睫的课题。知识管理起源于企业对自己资产的再认识，当企业确定员工大脑中的各种知识经验、技能感受是企业重要的资产时，就是知识管理进入到企业的开始。

通常来说，知识管理的含义有广义和狭义两种。广义的知识管理是指知识经济环境下管理思想与管理方法的总称；狭义的知识管理是指对知识及知识的作用进行管理。显然，在员工激励与管理领域中，广义的知识管理更为企业管理实践者所关注。

知识管理的对象包括组织的外部知识和内部知识。外部知识指与组织相关的各组织、机构拥有的知识，如企业的供应商网络、用户网络、同行业其他企业网络，即政府网络中的知识。组织内部知识是组织的自有知识，包括显性知识和隐性知识。

（二）知识管理的最终目标：为创造企业利润服务

知识管理不是为了某种新思潮而存在，而是为了企业更好地发展而存在。如果不顾企业的实际情况，盲目导入一套不切实际的资讯管理体系，就会造成企业所推行的知识管理无法和企业的发展战略、目标对接，反而使企业无法真正地使用自己的知识资本。从使用的角度看，知识管理只是一个有智慧的管理方法与工具，并非企业的最终目标。

知识管理绝不是简单的技术问题，成功的知识管理的关键是营造一个以人为中心、鼓励知识交流、共享和创新的知识主导型企业文化，建立"自觉合作""自觉交流""自觉共享"的价值观，促进员工主动交流、共享与创新知识。通过创造一种信任、合作和深度会谈的精神，把企业提升为适应组织管理的学习型组织。

二、企业知识管理的常见模型

（一）"灯笼"模型

企业知识管理是新经济时代背景下，衍生的新兴管理思想，与企业经营管理体系建立了密切的联系。相关研究人员认为，知识管理是从管理中提取的"知识"理念，经过抽象化的分析后，形成了一种知识管理战略思想，与企业人力资源、财务、市场、行政等管理领域有一定的关联性。基于此，知识管理是基于众多领域范畴成长起来的一种管理思想，并在相关信息技术发展下，逐渐构建形成完整的思想体系，推动知识管理向独立的发展体系持续迈进。相关研究人员有必要就知识管理渗透的相关领域展开研究，全面掌握知识管理在各个领域中的形态变化，并基于企业整体管理视角对知识管理进行考量。对知识管理思想以及管理范畴进行研究发现，知识管理不属于企业职能范畴，属于一种经营理念。因此，现代企业在发展中，需要制定明确的企业战略规划，利用战略管理实现企业各个层面的升级改造。基于企业知识管理体系中的"灯笼"模型搭建情况看，整个知识管理思想体系被看作是"灯笼"形状，灯笼柄代表的是知识管理战略，直接将知识管理思想作用于企业战略管理领域中，为企业战略规划的制定提供指导依据，并在企业总纲领制定下，实现企业的战略目标。灯笼的底部代表的是信息技术，在技术支撑下，建立了知识管理系统，一定程度上拓展了信息技术领域的覆盖范围，为企业各项知识管理活动的开展夯实了基础。因此，在企业发展过程中，必须搭建完善的知识管理系统，并围绕"灯笼"架构开展各项业务活动。

"灯笼"模型为企业管理职能划分和界定提供了指导意见，帮助企业明确划分了各个部门的职能权限，优化调整了组织内部架构，实现了资源优化配置，打造了企业价值链体系，优化了市场营销管理、研发管理等管理方式。有相关研究人员认为，知识管理对整个管理学的影响较大，从现代管理学中提取一部分内容进行对比分析，确保知识管理与职能管理之间不存在交叉现象。对"灯笼"模型核心部分进行剖析发现，基于行政管理角度看，相关文件资料的分类和资料保管方式，以及自动化办公方式，均属于知识管理层面的内容。同时，在知识管理和财务管理结合下，进一步提高了知识管理水平。基于人力资源管理视角看，知识型职工管理也属于知识管理范畴，涉及行政管理、财务管理和人力资源管理等职能领域，强化了企业知识资产管理，优化了职工招聘环节，对职工进行激励，对其职业生涯进行规划。

基于"灯笼"流程看，市场营销部门管理的重点就是客户关系维护，当接入一个概念时，需要结合客户知识进行整合，加强与客户之间的沟通和交流，确保为用户提供高质量的服务。知识管理流程中没涉及知识信息管理系统的研发和管理，基于知识管理方法创新基础上对知识管理进行界定。基于采购和物流管理层面看，产品供应链管理与知识管理联系密切。因此，企业需要制定统一的资料标准，降低接口难度，确保按照相关的接口接入点和标准，实现知识管理。同时，企业供应链之间存在知识转移等管理内容，尤其在生产制造管理环节，必须依托企业资源计划系统开展相关的管理。在生产制造流程管理中，涉及大型运算器的使用，以确保相关算法具有科学性，保证流程管理上的规范性。就企业知识管理"灯笼"模型看，其核心也是知识管理本身，为整个知识管理体系的搭建提供了保障，进一步拓宽了企业管理空间，将企业知识管理思想渗透在企业经营管理的各个领域中，并实时掌握了知识管理领域的新动向，帮助企业更好地规避企业知识管理误区，促使企业知识管理研究进一步拓展延伸。

（二）"知识流小车"模型

企业知识流管理，指导企业生产、经营、创新办法的制定，加强对企业知识价值的挖掘，提高知识提供率，推动企业健康长远发展。在企业知识流管理过程中，建立了"知识流小车"模型，进而更加形象具体地对企业知识管理内容进行界定和概括。企业组织内部知识主要来自企业外部的知识源，包括供货商、客户以及其它的知识机构等；另一部分来源于企业内部的知识源，具体是未经挖掘和整理的且属于企业内部公共知识、企业员工隐性知识的内容。通常，企业在知识管理上，会积极拓展企业外部资源，加强信息收集和整合，本身属于外部知识内化的过程。同时，在企业内部知识挖掘过程中，展现了个人知识向企业化方向转变的过程。并且，企业借助信息化手段，依托相关的媒介进行企业知识传播，树立企业在行业中的正面形象，加快推进企业文化建设。基于企业内部看，企业公共知识库中，蕴含着显性知识，通过企业文化和技能学习，实现了知识创新和知识共享，提高了知识本身的应用价值。就职工个人知识在企业发展中内化过程看，实现了个人知识创新和个人知识共享，在知识整个生命周期发展过程中，在知识创新等相关因素的驱动下，实现对企业知识的挖掘，并在企业内部和外部形成一个知识流环。

三、知识管理的实践活动

（一）知识管理实践活动的特点

作为一个新兴的管理对象和管理手段，知识管理的特性和特征目前依然是企业实践操作者们正在探索的课题，也是一个不断发展、变化的课题。从目前的实践结果看，知识管理的实践活动有下面几个比较独特的特点：

第一，学习和工作浑然一体，相辅相成。传统的企业可以把工作和学习明确地划分开，但是在知识管理的状态下，工作和学习是紧密地联系在一起的。在工作时，学习常常表现为一件相同的不可分割的事情。例如，在销售人员向客户推销公司新产品时，销售员们还可以在为客户服务时进行学习。当一位客户表示对两种不同产品感兴趣并询问两种产品之间的不同时，销售人员可以对这两种产品的条形码分别进行扫描，观察这两种产品之间的不同，在帮助客户做出明智选择的同时，完成自己对客户需求和新产品性能的学习和知识补充。

第二，知识分享是知识管理的主要操作思维导向。知识分享与简单的信息分享不同，它是由知识传送者将知识传送给知识接收者，而知识接收者学会用新取得的知识重新阐释自己原有的知识系统，这样的互动过程就称之为知识分享。传统企业通常以劳力、金钱、设备制造产品或服务等内容为资源，所以资源越用越少，每个部门都要想尽办法争取资源，独占资源就等于保证自己的利润市场。而知识资源却正好相反，你越使用它，资源越丰富；你越与别人分享它，它的影响力越大。反之，独占知识资源的结果可能导致自己拥有资源的贬值。例如，我们使用的计算机软件或公司的数据库，如果没有共享，数据库的存在就意义不大；共享范围越大，数据库的价值越高。

第三，知识管理所带来的"质"的提升不能在一朝一夕实现。传统企业的资源投入所带来的效益可以立竿见影地看到，但是知识管理所带来的效益是一个缓慢、长远的过程，这和企业急于创造利润的动机相冲突。例如，企业投资在生产设备上面，所带来的资产价值的提高和收益的增长几乎是一目了然的；但是企业若把同样的钱投资在员工培训和建立学习型组织上面，则是无法在资产平衡表上直观地看到其收益的，甚至在短时间内只能看到投入，而没有产出。

（二）知识管理在实践中体现的两种模式

哈佛大学的教授汉森（Hansen）和罗利亚（Nohria）将企业实践操作中的企业管理分为编码管理模式（Codification Mode）和个体化管理模式（Personalization Mode）两类。编码管理模式是指知识被编码、储存在数据库，公司任何人都可以通过计算机网络直接调用；个体化管理模式是指知识与知识的所有人没有分离，其知识通过人员的直接交流得到传播和分享。对知识管理模式的分类可以帮助企业清晰地看到自己的处境，正确地选择适合自身的知识管理模式。

1. 编码管理模式

IT业的发展为编码管理模式的实施提供了技术保证。组织通过内部的管理机制和沟通渠道，将个人知识复制成较为显性的知识表现方式，如工作流程，或进一步表达成文件数据库。编码模式的通常操作方式是由企业投入资金建立先进的电子文件系统，将员工及他们从外部收集到的知识进行知识编码并储存，成为文件数据库。数据库中的知识可以被公司所有人员通过计算机直接调用，无论这些知识的来源是谁。如果需要，公司还可以雇用善于收集知识的员工，专门负责相关知识，甚至对员工的工作考核也可以与他们为数据库增加的知识数量的多寡挂钩。

编码化方法的基本思想是将解决问题所需的知识标准化。编码管理模式通过投资信息技术，建立传播知识的管理系统，让公司员工在充分共享和重复利用这些知识来获得收益。这种模式可以让知识得到最佳的使用，大大降低了知识库的建立、维护成本，如果使用得当，利润效果能够比较显著。

2. 个体化管理模式

个体化管理模式的建立源于当今社会对知识的需求和渴望。将没有掌握某种知识的人和掌握该知识的人紧密地联系在一起，知识的共享主要通过人与人之间的直接交流。

建立个体化管理模式的企业往往通过大量引进国内乃至世界一流的专家、学者，积极花费巨资鼓励他们直接与公司其他人员和顾客进行交流，以便传播他们的知识。他们的知识或者复杂广博，或者精深冷僻，在整个社会的存量都不多，相对社会需求而言显得极为稀缺，因此，为顾客提供享用这些知识的机会，有理由索取高昂的价格。

第四节　企业知识管理的方法与误区

一、企业知识管理的方法

知识管理是一个新兴的管理手段，对一个企业来说，加强知识管理的关键是要结合自己的具体情况，因地制宜，不能盲目照搬。从实际经验看，以下几种方法值得参考：

（一）建立"教练型"管理者

在企业中，员工表现的好坏，取决于带队伍的管理者。管理者的工作思维应该是以结果为导向。在带队伍的过程中，不要将愿望和目标混淆。比如说，有的管理者通常会这样要求下属："我们要成为一个很好的团队，我们要让客户满意，我们要使技术成熟起来，等等。"其实这些都只是愿望，而不是目标。对于这些模糊的愿望，每个人会有自己不同的理解。甚至对于同样一句话，不同的员工都可能有不同的理解，这样就很难将愿望化作可执行的行为。大家的行为是分散的。尽管大家看起来都很忙碌，但不会有好的效果。只有正确的目标，才能变"漂流"为"航行"。漂流是没有目的的，漂到哪是哪；只有大家都航行起来，才能到达最终的目的地。

（二）建设知识共享的组织文化

组织文化是员工之间的黏合剂，是知识管理的基础。知识管理的实施不仅带来了工作效率的提高和管理的规范，还会引起员工获取知识方式的变化。员工从原来被动地接受各种自己需要的或不需要的知识，到现在主动地去获取自身工作所需要的知识，企业无形中给员工提供了一个学习和创新的氛围。所以，知识管理要想收到最佳的管理效果，应该首先建立同力同心的组织文化。

同心的组织文化需要信任和科学的决策机制。人与人之间的交往和沟通、知识的交流和转移以相互信任为基础。一方面，从知识的转移来看，尤其是隐性知识，它很难通过正式的网络进行有效的转移，而只有通过紧密的、值得信赖和持续的直接交流等非正式网络才能实现隐性知识的传递。而知识有效转移的前提条件就是知识转移的双方必须相互信任。另一方面，人与人之间的相互信任能有效降低任何一方采取机会主义的可能性，从而提高人们合作的效率。所以在设计知识管理系统时，应设计合理的激励系统，促进并奖励知识共享，阻止并惩罚对可完整转移知识的隐藏行为。

科学的决策机制是使员工得到公平的对待和全面的尊重，将员工之间产生矛盾的因素减少到最低点，充分保护和激励员工参与管理和进行创新的积极性，最终在组织内形成崇尚创新、学习先进、敬业助人的文化氛围。企业制度应能让员工看到并享受到，将自己的知识与他人共享带来的利益。

（三）开展头脑风暴讨论会

在一些企业中流行头脑风暴讨论会。参会的小组成员对特定的选题自由谈论并把自己的专业知识和小组其他成员共同分享，最后形成比较全面的解决方案，完成对个体知识的融合与创新，产生新的知识。这种知识分享的方式受到很多知识员工的欢迎，大家在分享中，自身也得以提高。而和客户分享知识的典型方式是"焦点小组"，通过广泛邀请客户参与，与客户就某个方面的问题交换信息，往往既能快速了解行业情况，也能很快帮助客户解决实际问题。而那些广泛存在的非正式组织也是知识分享和创新的重要渠道，如IT行业中各种组织主办的各种专题论坛就是业界分享知识的重要形式。

（四）识别出最有流失危险的知识，并将其制度化

组织中的知识流失是知识型企业在管理中越来越频繁遇到的一个问题。因为一方面，

企业人才的流动是很正常的事情，人才的正常流动才有利于保持企业的活力；另一方面，企业的核心人才如果流失，对企业不是一件好事，因为核心人才不仅在技术、管理上有自己的专长，更重要的是他们的技术、知识、客户关系和资源在短期内别人无法替代，往往因为他们的离去而使企业元气大伤。想要确保企业有能力维系住具有竞争力所必需的专业技能，企业首先应当明辨哪些方面的信息与经验的流失会给企业造成最大危险。这需要建立绩效管理和生涯发展流程，并在开展此类流程过程中识别出拥有最关键知识的员工。因此，要解决这个问题，企业就需要从两方面完善知识管理的流程。

第一，强化知识档案管理。知识档案包括技术、知识、客户信息、资讯等各种文档。在日常管理工作中，要随时注意对它们的分类整理、存放、保管、查阅和交流，建议企业可由专门的部门（知识管理部或者行政部）负责，并作为企业日常的规范化管理纳入考核。

第二，在用人时形成知识员工"备份"的制度。对于核心岗位的员工，建立相应的"传、帮、带"制度，也就是核心岗位的员工必须能够找到一个自己的下属或者同事，把自己掌握的知识和技能，在一定的时间按计划进行教导，这项工作可纳入员工的绩效考核，以保证核心员工的知识及时得到"备份"，以免他的突然离职而造成职位空白。同时这种人才"备份"的建设，不仅要作为一种知识管理的保障，而且还有助于形成一种知识传递和共享的学习氛围，形成一种学习型的文化。

（五）建立自学人群

自学是员工积累知识的重要途径，而且较少占用组织成本。任何组织都应该支持员工各种形式的自学，如业余阅读、自费进修、自费参观等。支持的方法可以是一定数量的费用补助，也可以是一定限度的时间照顾；与此配合，组织可以对员工自学的成果加以检查。

员工自学不一定仅指学习书本上的知识，工作中的知识拓展和深入也十分重要。例如，岗位轮换，通过不断地让员工面临新的挑战来督促员工潜下心来，完善自己的知识和能力；经过不同岗位的变换，形成多角度看待问题的思维方式。这是培养员工十分有效的方法。当然，岗位轮换的规模和频率要符合本单位的实际，没有轮换不利于企业发展，过多、过勤也不利于企业的发展。

二、企业知识管理的误区

知识管理作为一个新兴的管理热点，吸引了很多人的注意力。但是，实际操作中的效果并没有达到很多人事先所期盼的效果。究其原因，除了一个新生事物在诞生之初的艰难之外，还有以下几方面的原因：

（一）把知识管理看作可以完全复制的模式

有些管理者在繁杂的工作和巨大的利润压力下，无暇在知识管理工作中投入更多的精力和财力，想通过寻求其他企业成功的经验来获得自己快速成功的模式和公式，最终让不合拍的知识管理模式拖了自己的后腿。企业之间的情况千差万别，如由于基础管理的薄弱，中国企业的信息收集和管理比较薄弱，一些成功的管理模式之所以能够得到比较好的效果，是因为在比较长的市场经济发展中已建立了完善的基础信息管理工作，所以一些好的知识管理方法企业可以看得到，但是无法在短时间之内做到。因此，在对知识管理模式的试验操作中，成功的较少，失败的较多。

由于知识管理项目在实施中困难重重，一些急于求成的领导也缺乏对知识管理的坚定信念，一旦遇到问题，就不再坚持，要么草草收场，要么以失败而告终。

（二）过于看重技术而忽略人的因素

知识管理的被关注和大面积的应用是最近几年的事情。知识管理的关键是对人的管理，因为知识蕴藏在人的头脑之中，如果过于关注知识，而忽略知识的载体——人，再好的知识管理方案也无法收获很好的效果。事实上，知识管理除了技术因素以外，更重要的是建立良好的企业文化、组织结构、管理体系等配套措施，才能促进和保障知识的创造、发扬、存储、传播、共享和使用。如果缺乏这些系统工程，不能调动员工内心的热情，使用再先进的理念也不能真正提高企业的管理水平。

（三）知识供需失调，众口难调

知识的供给端和需求端，对彼此的认知不同，过度的期望，往往是失望的开端。例如，企业只求不断扩充知识库来源，希望员工多多汲取新知，却不问员工对新知的需求为何；或企业希望员工多多创作分享，却无法让员工解除对于分享知识的威胁感，都会让知识管理的推动遭遇到莫大的阻碍。例如，某企业的管理者对知识管理甚有兴趣，非常热心地扮演起信息传播者的角色，不定期地将各种最新信息、业界新知，以及个人的心得感想等，以电子报的形式固定发送给企业的所有员工。但在某日却不经意地发现，其辛苦编辑的电子报被大多数员工认为是唱高调，甚至是打扰工作的垃圾邮件，随手就丢到"资源回收桶"删除。管理者的美好理念大打折扣，员工对知识管理的冷淡最终导致管理者对知识管理的工作热情也逐渐降低，让整个辛苦建置起来的知识管理系统越来越向公式化的方面演变。

许多负责推动知识管理的管理者遇到的实务上的困难是：到底什么资料放进知识库才有效益？资料的筛选、整理、分类，有没有什么原则可以参考？如何鼓励员工愿意分享和贡献？有什么激励措施可以参考？如何和绩效制度整合？另外，当企业知识某部分已经电子库化之后，应该如何进行权限控制，以防档案外流至竞争对手的手中？企业知识泄密的可能使得管理者无法放心建造自己的知识库。

信息科技虽然能够保护重要档案不至于流失或者是被复制，但仍然无法百分之百地防止有心人的窃取和破解。花费了大把钞票建置的层层保护措施及集中控制所带来的不便，有时反而更激发有心人想要挑战及破解的好胜心。

第五章 企业文化与人力资源管理研究

第一节 企业文化的基本认识

企业文化是社会文化的一个有机组成部分。企业文化同社会文化一样，也应有广义和狭义之分。从广义上说，企业文化是指企业及其员工在长期生产经营中形成和发展起来的群体意识，并在这种群体意识的驱动下所创造的一切成果。从狭义上说，"企业文化是指企业及其员工在长期生产经营中所形成的管理思想，共同意识、价值观念、职业道德、行为规范和行为方式的总和。"①

一、企业文化的特征表现

企业文化的特征表现在以下方面：

（一）具体性

正如不同事物各有其特殊性一样，企业文化在各个企业的具体表现也是丰富多彩、各具特色的。可以说，各个企业几乎没有完全相同的企业文化。企业在长期的生产经营和管理活动中，由于历史环境、文化背景、思维方式、价值观念、行业特点、生产经营规模、企业性质、企业传统、企业领导及员工素质等企业内部和主客观条件的不同，逐步形成了具有鲜明个性特征的企业文化。因此，我们在建设企业文化的实践中，要重视发展具有鲜明个性的企业文化。只有这样的企业文化，才具有持久的强大的生命力。

（二）时代性

企业文化是时代的产物。它作为管理科学的最新成果，是在一定的历史文化、现代科

---

① 谢健，奚从清. 现代企业文化 [M]. 杭州：浙江大学出版社，2011：18.

学技术和现代意识影响下形成和发展起来的。因此，它不能不受到当时当地政治、经济、社会和文化发展的影响，不能不带有时代精神的特征。换句话说，企业文化产生在特定时代的大背景下，它必然成为时代精神的反映。现代企业文化渗透着现代企业经营管理的种种观念。不仅如此，它还要随着时代的发展而不断地发展。

（三）人文性

企业文化从理论到实践都十分强调人的社会性，强调以人为中心，强调人的价值观念在企业运作中的重要地位和作用。企业文化提倡群体精神，提倡建立亲密、友善、互助、信任、亲和的关系。企业文化注重职工的自尊、自我实现等高层次的心理需求，并把以上这些带有"人文"色彩的信念、价值观等巧妙地注入职工的心灵深处，在企业中形成一种和睦相处、和衷共济的人际环境。因此，我们在建设企业文化时，要突出企业管理的人文性。这正是企业文化的人文性所要求的。

（四）可塑性

企业文化的可塑性体现在多方面：

第一，任何优秀的企业文化都是靠人塑造而成的。一个企业只要从本企业的客观实际出发，着眼于企业的整体和长远利益，积极倡导新的价值观念、新的道德观念和行为规范，不断引导企业的行为方式，就能逐步建设起优秀的企业文化。

第二，企业文化的可塑性还体现在富有个性的企业文化，在很大程度上取决于企业领导的个性特点和素质，甚至从某种意义上说，企业领导者自身就是一种企业精神的象征。

第三，当一个企业的文化出现危机时，人们还可以通过努力，进行培育和重塑。

（五）发展性

企业文化是在生产经营和管理活动中长期培育形成和不断充实发展起来的。每一个企业的企业文化都有自己的发展历史。正是这种历史上逐步形成的优秀的企业文化传统，成了企业不断发展的驱动力。同时，社会主义市场经济的发展，必然引起人们观念的更新，而观念的更新又必然促进企业文化的发展。

二、企业文化的类型及层次

（一）企业文化的不同类型

一般来说，企业文化包括三种类型：一是产品主导型的企业文化；二是服务主导型的企业文化；三是综合型的企业文化。这三者之间并没有明确的界限，但有其各自的一些特点。

产品主导型企业通常追求的是产品质量第一，强化生产过程的企业文化。对于制造型企业，其生存和发展之本在于技术的创新和对产品生产过程的严格把关。只有对这两者同抓并举，企业才有可能得到良好的发展。

服务主导型企业追求的是以一流的微笑贯穿一流服务的企业文化。对于服务型企业，其生存发展之本在于为顾客提供满意的服务。而要为顾客提供满意的服务，首要的是态度问题，所以需要用始终如一的微笑去配合一流的服务设施和技术。

综合型企业追求的是以一流的质量（管理）与配套的一流服务相互融合的综合型企业文化。对综合型企业而言，质量及与管理相配套的一流服务均不可偏废。

（二）企业文化的层次划分

企业文化一般可分为三个层次。

1. 精神层（内隐层次）

精神层是企业文化的核心和主体。它包括企业目标、企业哲学、企业精神、企业道德、企业风气。这五项内容中，企业精神最为重要，是群体价值观的主要部分。

2. 制度层（中间层次）

制度是外加的行为规范，它约束组织成员的行为，维持组织活动的正常秩序。

制度包括一般制度（各组织所共有的制度，在企业，如厂长负责制、岗位责任制、职代会制、按劳取酬的分配制度等）和特殊制度（本组织特有的制度）两方面。其他如组织内部的一些特殊典礼、仪式、风俗，也属于制度层范畴。

3. 器物层（外显层次）

器物层指企业文化在物质层次上的体现，是群体价值观的物质载体。它包括厂容厂貌、产品样式和包装、设备特色、建筑风格、厂旗、厂服、厂标、纪念物、纪念建筑等，它们看得见、摸得着。

组织的业余文化活动及其动员，如摄影作品、电影、录像、美术作品、文学作品、歌舞作品等，也属于器物层范畴。

三、企业文化的功能体现

所谓功能，就是事物作用于他物的能力，企业文化的功能是指企业文化发生作用的能力。企业文化的功能取决于两个方面：一是企业文化系统中各要素的质与量；二是企业文化的结构。因此，要使企业文化系统发挥良性功能，就要提高企业文化要素的质与量，并通过促进各要素间的相互作用，调节企业文化的结构，从而发挥其整体作用。一般而言，企业文化主要具有五大功能：

（一）导向功能

企业文化体现了企业全体员工的共同追求、共同价值观和共同利益，它能够对企业整体和企业每个成员的价值取向和行为取向起到导向作用，使之符合企业的愿景、宗旨和目标。企业文化的导向功能主要体现在以下方面：

第一，明确企业的行动目标。企业的持续发展首先需要有正确的发展方向和目标，确定企业目标的意义就在于指明企业发展的方向，使之成为全体员工共同奋斗的目标动力。如果发展方向和目标错误，即使再努力，也只能是徒劳无功。企业目标既能促使员工的思想认识和行为达成统一，又能激励员工的荣誉感和责任心。

第二，规定企业的价值取向。一个公司的文化体系一经形成，就意味着建立起自身的价值系统和规范标准。当企业成员的价值取向、行为规范与企业文化体系相违背时，企业文化的导向功能就将发挥纠偏作用。而企业文化的纠偏作用与传统的强制手段不同，它是通过成员对企业价值观的自觉认同，使之在潜移默化中达到既定目标。在企业的发展过程中，经常会出现如违背企业发展宗旨的短期获利项目等各种诱惑，或遇到各种困难，甚至产生迷茫，但只要企业坚持了核心价值观，都可以引导企业化险为夷，渡过难关，明确发展方向。

（二）凝聚功能

企业文化的凝聚功能是指它有种能把全体员工聚合在一起，为了实现共同的目标和理想，为了共同的事业而同心协力、共同发展的作用。

在社会系统中，将个体凝聚起来的主要是一种心理的力量，而不是生理的力量。企业文化正是以种种微妙的方式来沟通人们的思想感情，融合人们的理想、信念、作风、情操，培养和激发人们的群体意识，使员工产生对本职工作的自豪感和使命感、对本企业的认同感和归属感，使员工把自己的思想感情、行为与整个企业联系起来，从而使企业产生一种强大的向心力与凝聚力，发挥出巨大的整体效应。

孟子曰，"天时不如地利，地利不如人和"，"人和"是成功的第一要义。表现在企业的运作上，"人和"即为团队精神。这种团队精神的形成取决于企业文化各要素相互作用而营造的文化氛围。在企业精神、经营哲学、价值理念、道德规范等因素作用下，企业内部成员之间、企业成员与企业领导之间就会建立一种和谐的人际关系，企业与员工形成一种命运共同体，从而为企业发展提供强大的精神动力。因此说，良好的企业文化能以强大的凝聚力、向心力，使企业成为一个协调统一的整体团队。

企业文化的凝聚功能通过以下三方面得以体现：

1. 情感凝聚

具有优良企业文化的公司大多重视企业内部的情感投资，尊重个人情感，营造一种亲密友爱、相互信任的企业氛围，增强企业对员工的吸引力。它们认识到企业不仅是员工利益的依靠，而且是员工的精神归宿与情感寄托。良好的企业文化氛围能使员工对企业产生向心力与归属感，使员工的精神寄托于企业、感情上依恋于企业、行动上忠实于企业与企业风雨同舟、休戚与共，把自己的命运与企业的命运紧密地结合起来

2. 价值共识

为企业全体员工所认可的核心价值观是企业生存与发展的精神支柱。企业员工一旦认同企业价值观，就会改变原来只从个人角度出发建立的价值观念，树立起以企业为中心的共同理想、信念和价值取向，用企业的群体意识去考虑问题和指导行动。社会学的平衡理论表明，人们倾向于把看起来相似的东西视为同一组合，故而诱发出协调一致的情感反应——喜欢。而强化理论则指出，他人表现出与自己相似的态度，是支持自己评价的有力依据，具有相当高的强化力量。可见，价值共识和共同理想的不断强化为企业提供了凝聚力。企业文化的同化作用使企业成为一个由具有共同的价值观念、理想追求的人聚合起来的团体，进而使企业成员获得强烈的认同感，对企业产生一种强烈的向心力。

3. 目标认同

企业目标是企业全体员工凝聚的基点。凡是具有科学性、合乎企业发展方向并为员工所认同的目标都是凝聚企业员工的一种力量。心理学研究表明，人们越能认识行为的意义，行为的社会意义就越明显，就越能产生行为的推动力和向心力。企业的目标正是以其

企业人力资源开发与管理研究

突出、明确、集中等具体的特点向员工和社会表明企业群体行为的意义，成为企业上下共同努力的方向，从而形成强大的向心力与凝聚力。需要注意的是，企业目标的凝聚作用是建立在把员工个人的目标与企业总的目标相结合的基础上，使员工能够体会到个人的前途是与企业的发展密切相关的，企业整体目标的实现也意味着个人目标及利益需求的实现。只有这样，企业目标的凝聚功能才能真正发挥出来。

（三）激励功能

激励功能是指企业文化对强化员工的工作动机，激发员工的工作积极性、主动性和创造性所产生的推动作用。激励理论认为，最出色的激励机制是激励手段与被激励者的内在期待充分契合，即激励本身蕴涵了对被激励者所具备的特长和潜能的肯定，让被激励者觉得自己确实干得不错，使其特长和潜能得以充分发挥。心理学家认为，人在无激励状态下只能发挥自身能力的 10%~30%，在物质激励的状态下能发挥自身能力的 50%~80%，而在得到适当精神激励的状态下，能将自己的能力发挥至 80%~100%，甚至超过 100%。企业文化的中心内容是尊重人、相信人，强调在企业管理实践中满足员工的多重需要，实现自身价值，因而能最大限度地激发员工的积极性和首创精神。企业文化的这种激励方式具体来讲有以下几个方面：

1. 物质激励

物质激励是激励的基本方式，主要指为满足员工物质的需要发放一定数量的工资、奖金、福利等，以达到调动职工积极性的目的。物质需要是人类的第一需要，它是人们从事一切社会活动的基本动因。企业应从具体情况出发，针对不同员工的需要特点，以物质手段满足其合理需求，以唤起其对欲望目标的向往和追求，并引导他们客观认识目标需求、所肩负的责任及工作绩效，激发上进心，促进其对自身社会价值的认识。同时，物质激励的立足点要放在激发人的主观能动性的持久性上才会收到更好的效果。

在这方面，晋商的物质激励制度可以说极有特色。而晋商之所以能成功，与其有一套相当完善的激励机制密不可分。凡在票号工作的人，吃穿用度都由票号提供，实行"供给制"，同时还有一块固定收入叫作"辛金"，即薪金。自出徒后计算，干的时间越久，资历越深，累积越多。此外，晋商的资本采取股份制，按股分红，经营者包括票号的伙计在内也有股份，称顶身股。根据伙计在票号工作的时间、业绩表现和职位来确定顶身股的拥有数，参与每年的分红。这是晋商一个特殊的创造，这种机制把票号内所有人员的利益与票号的利益紧紧联系在一起，有利于充分调动所有人的积极性，激励他们努力为票号工作。

2. 精神激励

精神激励是指企业为了满足员工精神方面的需求而采取的一系列激励措施，如表扬、授予荣誉称号等。在物质需要得到一定程度的满足后，精神需要就成了主要需要。每个人都有自尊心、荣誉感，满足这些需求，能更为持久、有效地激发人们动机。物质激励到一定程度时就会出现边际递减现象，而来自精神的激励，则更为持久和强大。因此，注重精神激励将成为员工激励的主要特点。精神激励主要包括信任激励和关心激励等。

（1）信任激励。信任可以使员工心情舒畅、干劲倍增。当员工感受到公司对他们的信任和尊重时，就会产生极大的荣誉感和责任心，它可以大大激发员工的工作积极性和主观能动性。

（2）关心激励。人的积极性是以合理需要得到满足为基础的，作为一个优秀的企业领导者，必须充分了解人的特性，关心不同人的需要。

3. 目标激励

激励理论认为，人的行为受一种预期心理的支配。当人们在现实生活中看到可以满足自己需要的目标时，在需要心理的驱使下，会在心里产生一种处于萌芽状态的期望。但是，能否把这种期望心理转化为驱使行为的动力，也就是说，决定人们追求目标的积极性大小的关键，取决于目标效价与实现目标可能性两者的乘积。目标效价是指人们所考虑的达到目标后能给自己带来的实际利益究竟有多大；实现目标的可能性即实现目标的概率。是否形成有效激励的关键在于科学地设计目标，不要太高或者太低。目标太高会使人感到可望而不可即，失去信心；目标太低让人觉得唾手可得，也就失去了激励的作用。所以，目标的确定要使员工有预期。同时，还必须做到使目标与员工的物质和精神需要相联系，让他们从企业的目标中看到自己的利益，这样目标的效价就大。

除了以上所讲的三种激励模式之外，还有成功激励、宣泄激励等。企业可以根据自身的特点，寻找到适合自身特性的激励模式。

（四）约束功能

企业文化的约束功能主要是通过制度文化和道德约束而发生作用的。约束的目的在于使人的行为不偏离组织的方向。企业的制度文化中渗透着企业哲学、企业精神、价值理念等内容，这是企业形成自我约束机制的基础。由于这些规章制度反映了企业员工的共同利益和要求，故会得到员工的理解与支持。企业文化的约束功能具体体现为刚性约束和柔性约束。

1. 刚性约束

企业规章制度的约束作用较为明显，它直接要求员工该做什么和不该做什么，通过表扬、加薪、提职、批评、警告、降职、降薪、解雇等方式，规范员工的行为，以保证企业的发展。制度的刚性约束，不是为压制员工的积极性和创造性的发挥，好的制度设计一定是有利于美好人性的发展的。

2. 柔性约束

企业文化通过微妙的文化渗透和企业精神的感染，形成一种无形的、柔性的约束。它通过价值观、道德意识的内化，使员工在观念上确立一种内在的自我约束的行为标准。显然，企业伦理道德对员工的行为进行规范比单纯依靠企业制度进行约束更具有主动积极的意义。用制度对员工进行约束，是借助一种强制的外在的力量使员工服从，容易令人紧张、不安，形成压力；而柔性的道德规范，是通过内心信念和道德良心而起作用的，是一种自我克制的行为。这种柔性约束不是建立在对人的限制和刚性约束的机制上，而是建立在相信人、尊重人、充分释放人的潜能的机制上。

企业柔性约束形成的自我管理机制在很大程度上弥补了单纯刚性约束带来的不足与偏颇。因为再详尽、再科学的管理制度也有不完备之处，会为一些人钻制度的空子提供可乘之机。唯有企业文化的柔性约束与刚性约束相结合，才能使企业摆脱这一怪圈，从而实现企业规范约束由自发向自为的转变。

（五）辐射功能

企业文化一经形成较为完整的模式，就不仅在企业内部发挥作用，对本企业员工产生影响，而且也会通过各种渠道向社会辐射和扩散。企业文化是社会文化的重要组成部分。在受社会主流文化影响的同时，也影响着社会文化的发展。企业通过自己的产品和服务满足社会的需要，包括物质需要、文化需要和心理需要，在企业文化中体现的企业员工心中蕴藏的积极的价值观、先进的道德意识、高尚的精神境界，以及在企业生产过程中出现的创新精神和意识，都会通过企业的产品和服务渗透到整个社会中，从而对社会文化的变革产生影响。

企业文化的辐射功能主要通过以下途径体现：

1. 产品辐射

企业文化通过产品这种物质载体向社会展示满足社会需求的功能。产品辐射可谓是硬件辐射。

产品是人化的物质。它不同于客观的自在之物，人们在生产产品的同时，早已把人的思想、信念、追求融于其中，使产品本身载有或蕴涵着企业文化的精神。因此，产品的这种辐射功能便具有了两方面的意义：一方面，企业通过自己的产品把企业优秀的思想文化精神传播到广大消费者、有关企业和社会文化面，补充和丰富社会文化，促进社会文明程度的提高；另一方面，人们通过使用产品或对产品的检验，形成对该企业的文化定势或美誉度。企业美誉度高，企业文化就会深入消费群体中，并广为传播。

2. 软性要素辐射

软性要素，主要指企业哲学、企业价值观、企业伦理、企业精神等。企业文化把先进的企业精神、价值观、企业道德向社会扩散，形成某种共识。这些软性要素在对本企业发挥作用的同时还会影响它周边的社区甚至整个社会的价值观。

3. 人员辐射

人员辐射既非软件辐射，也非硬件辐射，而是一种主体辐射。企业文化通过企业员工的思想行为所体现的企业精神而影响社会公众。企业员工是企业的主体，他们在长期的经营活动中受企业文化的影响，会自觉或不自觉地体现企的价值观、道德和精神风貌。某种意义上说，他们是企业文化的化身，是企业精神的象征，这种强大的精神力量，势必会感染周围的人，包括亲朋好友、消费者等，对他们的思想行为产生影响，这就是企业文化的人员辐射作用。

4. 宣传辐射

企业为了提高自己的知名度，扩大产品的销售，总是运用广告、公关及媒体等手段，向社会广为传播本企业的产品及其理念体系，这就是企业文化的宣传辐射功能。在现代市场经济条件下，随着人们的文化素质的提高，人们在购买产品、享受服务的同时，还希望购买到文化，享受美的服务。这就要求企业不仅要宣传产品，还要宣传自己的企业文化。广告公关等宣传手段，本身就是一种文化，因而具有化输出的功能。不过，企业在宣传自身时应自觉承担起自己的社会责任，积极参加各种公益活动，从而提升企业的社会形象。

企业文化功能的本质是"治心"，也就是说，企业文化的本质作用是解决人的思想观念和认识问题，解决人心向背和凝聚力、向心力的问题。企业文化的五大功能，在实际中综合地、整体地产生作用，其中，导向功能是最主要的和最基础的功能，因为它决定企业的成败，其他功能都是建立在导向功能的基础上而发挥作用的。导向功能发挥导向作用，关键是核心价值观，因此，如果企业没有正确的核心价值观，或者虽然有正确的核心价值观但不能坚持下去，那么，企业也难以实现持续发展。

第二节 企业文化对人力资源管理的影响

一、企业文化对人力资源管理的凝聚

企业文化对于企业人力资源管理的促进作用首先表现在凝聚力提升上，这也是人力资源管理中比较受关注的一个重要任务，要求确保所有企业员工均表现出较高的凝聚力，以此更好形成稳定的企业发展氛围，解决员工方面的不稳定问题带来的不利影响。为了较好提升企业员工凝聚力，注重从企业文化着手极为必要，企业文化可以构建出较为适宜合理的企业基础氛围，对于企业员工之间的人际关系，以及员工和企业之间的关系予以协调，以此更好创设积极稳定的企业生产运营环境，有助于员工对于企业产生更高的归属感。在积极企业文化的渗透作用下，企业员工往往能够产生更高的认同感，更加愿意将自身作为企业发展的重要组成部分，进而不容易出现离职倾向，且可以有效实现企业内耗的解决，为企业发展创设出更为理想的员工条件，解决了人力资源管理中的难点问题。比如企业文化建设中可以高度强调集体主义和团结合作精神，进而在各个团队以及部门建设中予以渗透，如此也就可以让各个团队和部门更为团结一致，共同围绕着集体目标努力，能够形成较高的凝聚力，对于解决以往企业存在的恶性内卷以及不良竞争问题予以缓解。

二、企业文化对人力资源管理的导向

企业文化对企业人力资源管理的优化促进作用还表现在对于员工的导向作用上，有助于借助积极向上的企业文化内涵，实现对于企业员工的有效培育和引导，进而促使其得到全方面发展，具备更高的岗位胜任力和责任感。企业文化可以针对员工进行多方面的渗透和积极影响，促使企业员工可以形成积极转变和优化发展，最终可以为企业发展做出更大贡献，满足企业人力资源管理工作的基本诉求。企业人力资源管理工作应该明确员工培养和引导的目标和方向，进而探讨企业文化的构建思路，制定出相匹配的企业文化内涵，由此更好实现对于企业员工的引导和培育。比如在企业文化建设中，勤奋就可以作为比较重要的文化内涵，由此针对企业员工进行引导，促使所有员工能够以勤奋为荣，对于以往可能存在的消极懈怠以及迟到早退问题予以解决，对于该方面人力资源管理工作的辅助效果不容忽视。在现阶段企业面临越来越激烈的市场竞争环境时，企业人力资源管理要求引入和培育越来越多的创新型人才，如果能够在企业文化建设中高度关注创新意识的融入，则同样也可以针对员工进行相应引导，促使所有员工充分认识到创新的重要性，进而结合自身工作岗位进行有效创新尝试，最终弥补企业在创新型人才方面的缺失，更好推动企业快速发展。

三、企业文化对人力资源管理的激励

企业文化对企业人力资源管理的促进作用还表现在激励层面，企业文化可以对员工形成良好的激励效果，以此促使企业员工表现出更高的工作积极性和主动性，以此更好在企业中发挥出自身应有的作用价值，最终规避员工层面的不利制约和干扰因素。企业文化的形成和渗透过程中，往往能够对于员工形成良好的教育和积极影响，促使员工更为准确认识到自身的定位，引导其更加愿意主动发挥自身的潜力以及热情，进而优化自身工作表现，确保可以在企业发展中做出自身更强的贡献。从企业文化对企业人力资源的激励作用表现上来看，除了可以直接企业文化对于员工产生积极影响外，往往还可以借助于企业制度，在企业文化的影响下，企业制度往往可以更好实现对于相应文化内涵的展示，以便促使企业制度更为适宜合理，且能够对于员工具备较强的调动和吸引力，尤其是对于奖惩制度的构建，更是应该促使企业员工受到较强的激励，要求在奖惩制度构建中体现更强的公平性和合理性，能够以人为本构建奖惩方式，最终实现对于企业员工的有效激励，促使其可以为了赢得相应奖励而取得更高的绩效。

四、企业文化对人力资源管理的约束作用

企业文化对人力资源管理的促进作用还表现在约束方面，这也是企业人力资源管理中相对难度较大的一环，如何促使所有企业员工都能够在约束内工作，降低出现违规问题的几率，从企业文化着手予以优化辅助极为必要。企业文化的建设和运用不仅仅表现出了宣传引导作用，往往还具备强制性和惩戒性特点，如此也就可以针对企业员工进行必要约束，促使其能够按照企业文化规定的内容行事，由此更好优化自身行为，最终可以实现对于企业发展的积极推动。在企业文化建设中，行为准则同样也是不容忽视的关键组成部分，而这些行为准则的践行必然也就可以针对企业员工进行恰当约束，促使其按照相应行为准则开展自身工作，一旦出现违背行为准则的现象，则员工会出现自责以及愧疚心理，随之在后续工作中更为注意，逐步养成理想的行为习惯。当然，对于一些不能够自我反思的企业员工，同样也可以在企业文化的强制性措施以及人力资源管理的相关惩戒方法应用

下，形成较为理想的进一步约束和限制，促使其能够在未来意识到该方面的约束要求，以此更好调整自身行为，促使其符合企业文化以及人力资源管理相关规定的要求。

第三节　企业文化与人力资源管理的融合

一、明确企业文化内涵

企业人力资源管理中企业文化的积极促进作用需要首先从企业文化着手，确保企业文化较为适宜合理，尤其是在各个企业文化内涵的设定上，更是需要进行深入分析，以便促使企业文化不仅仅积极向上，还能够在人力资源管理中发挥积极作用。企业文化中设定的各个关键内涵应该力求对于企业员工具备积极引导、激励以及约束作用，促使员工在按照相应企业文化内涵要求行事后，可以更好地服务企业发展，同时有效降低人力资源管理的压力。对于企业文化内涵的确定还需要重点结合企业自身实际状况，以便在明确企业性质以及发展现状、人力资源状况的基础上，促使相应企业文化制定更具针对性，可以实现对于自身企业员工的恰当作用，避免出现一些假大空或者是形式化问题。当然，为了更好发挥出企业文化在人力资源管理中的作用价值，往往还需要注重提升企业文化的受重视程度，这也是最为基本的前提条件，只有企业管理人员能够充分认识到企业文化的重要性，并且明晰将企业文化融入企业人力资源管理可以发挥出理想的作用价值，进而才能够予以探索和钻研，为后续企业文化在人力资源管理中的促进作用发挥创造理想条件。

二、促使企业文化动态发展

企业文化在企业人力资源管理中的促进作用发挥还应该表现出动态变化特点，要求企业文化不能一成不变，能够重点结合社会发展新形势以及企业发展面临的问题进行有效调整，及时增加一些新的理念和内涵，以此针对企业员工进行及时适宜的引导和激励，促使企业员工能够得到来自企业文化的更强作用，最终形成理想的人力资源管理优化辅助效果。当然，企业文化的动态发展也不能表现出较高的频率，避免让员工轻视企业文化，要求选择恰当适宜的时机，让企业文化的动态变化赢得员工的高度认可，如此也就便于后续企业文化发挥作用，更好服务于企业人力资源管理工作。针对新增的企业文化内涵，除了要确保其密切结合时代发展特色，能够准确反映时代发展主题，可以推动企业不断优化发

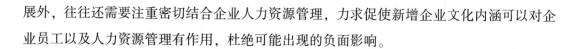

展外，往往还需要注重密切结合企业人力资源管理，力求促使新增企业文化内涵可以对企业员工以及人力资源管理有作用，杜绝可能出现的负面影响。

三、融入人力资源管理全过程

企业文化在企业人力资源管理中的促进作用优化发挥还需要体现在人力资源管理的各个环节中，要求具备较强的全过程性特点。比如在最初的员工招聘方面，不仅仅要按照企业文化要求来遴选人才，还应该做好企业文化的宣讲工作，以便选择对企业文化认同度较高的员工，确保员工选择的合理性，相应入选的员工也能够更快适应企业环境和氛围，可以在未来工作中有意识地按照企业文化内涵来约束自身。在企业员工培训方面，更是应该将企业文化作为重要抓手，以此形成对于员工的积极引导，避免仅仅围绕企业员工所需要掌握的专业技术进行培训，造成员工不具备较高的工作状态和意识，最终难以形成最优工作成效。在员工绩效考核和奖惩方面，企业文化同样也可以作为参考依据，人力资源管理人员可以将企业文化内涵作为绩效考核的一项重要指标，评估企业员工是否能够符合企业文化需求，同时将恰当的企业文化内涵作为奖惩方案制定的参考，保障员工间较高的竞争意识。

综上所述，企业文化在企业人力资源管理中可以发挥出较强的作用价值，有助于促使企业员工在企业文化的凝聚作用、导向作用、激励作用以及约束作用下，更为契合企业发展诉求，以此为人力资源管理提供支持和依据，降低人力资源管理压力。这也就需要在未来企业人力资源管理工作优化中，高度关注企业文化的融入效果，结合当前企业文化在应用中存在的问题进行深入分析，进而探寻适宜合理的解决对策，更好优化企业文化应用价值。

第六章 创业企业的人力资源开发和管理

第一节 创业企业的特点及组织设计

"随着我国经济的快速发展，越来越多人选择进行创业，使市场出现一大批创业型公司，而一家初创型公司要想在市场上站稳脚跟，管理者、资金、公司产品、人才水平等都占着非常重要的作用。"[①] 当前，人力资源管理理论基本上用于管理比较规范、运营相对常态的中等及以上规模的企业，而对于创业阶段的中、小、微企业，则缺乏适用性和可操作性。因此，我们有必要对创业企业的人力资源管理理论和实践开展应用性研究，探索适合创业企业人力资源管理的创新思路和可行方法。

一、创业型企业的主要特点

创业型企业是创业者发现市场机会、搜集各项优势资源、组织特定团队实施创业活动的企业，是创业活动的载体。创业型企业是指处于创业阶段，高成长性与高风险性并存的创新开拓型企业。

创新型企业的特点表现在以下方面：

第一，经济实力弱。规模不大的创业企业处在创新时期或起步阶段，大部分资金往往投在技术研发、生产运营、市场开拓等环节，短时间内的盈利能力不强，整体经济实力较弱，创业企业很难为所有员工提供较高水平的薪酬待遇以及其他激励政策。

第二，发展潜力大。创业企业短时间内虽然很难在同行中取得较强的竞争地位，但它具有一定的市场发展潜力，能够在未来一段时期内实现企业战略目标。创业企业的发展潜力是激励员工的一个重要因素，但前提是员工认为自己能够从企业未来发展中获得收益。

第三，组织管理不健全。创业企业在初创期没有形成正式稳定的组织结构和完善的管

---

① 田福章. 创业型企业的人力资源管理研究 [J]. 黑龙江人力资源和社会保障，2021（20）：66-68.

理制度，企业创办者的主要精力集中在生产、研发或开拓市场等方面，而疏于职能管理及其他工作，企业内部管理多采用非正式的监管，缺乏专业化的管理队伍和制度化的管理体系。

第四，抗风险能力较弱。由于受外部环境、内部条件和资源配置等方面的影响，创业企业抵御风险的能力偏弱，主要表现在以下三点：一是创业企业常常要面对一些成熟企业的威胁，对外部环境往往无能为力或心有余而力不足；二是企业各项基础性工作薄弱、内部资源条件不佳；三是资源配置能力和水平较低，企业竞争力不强。

二、创业企业的组织设计和人力资源管理

近年来，我国创业企业的发展速度越来越快，创业企业的规模也在不断扩大，创业企业的成长从无到有，从弱到强，其成长的重要动力来自组织内部大量的组织变革活动。因此，在创业企业的发展实践中，优化组织设计，提升人力资源管理水平，能够切实提升创业企业的发展速度，能够切实优化创业企业的发展水平。

（一）创业企业组织设计的架构特点

企业的组织架构设计是创业企业由小变大的过程中必须经历的一个环节。创业企业在快速发展的过程中，必须注重组织设计。创业企业的组织架构有很多分类方式，但主要是三种方式，职能型组织结构、事业部型组织结构、矩阵型组织结构等。

1. 职能型组织结构

职能型组织结构是企业在实践过程中"最简单"的组织形式，从总体而言，职能型组织更加侧重于集中现有具有统治地位的核心业务。特别是在创业企业的发展初期，这类型组织设计能够快速集中创业企业的优势资源，推动创业企业的快速发展。但随着创业企业的发展速度越来越快，创业企业的业务类型越来越多样化，这种组织设计的劣势逐步凸显出来。特别是产品、市场和客户的差异性越来越大的进程中，这种组织设计不仅无法推动创业企业的发展，还会在很大程度上制约着创业企业的发展。特别是在创业企业多元化发展的过程中，这种组织设计极有可能影响和阻碍创业企业的多元化发展。若创业企业持续使用这种组织设计，那么企业组织容易变得官僚化和松散化。

2. 事业部型组织结构

事业部型组织设计是创业企业持续发展过程中的一个重要阶段，它切实提升了创业企业管理的灵活性，也优化了创业企业的管理效率。事业部型的组织结构侧重于通过更大的

自主权和清晰的目标界定来进行激励，能够有效简化管理层的压力和负担，同时也能够提升中层管理人员的工作积极性，优化企业的整体管理实效。特别是在创业企业快速发展的过程中，这种组织设计还能够明确权责体系，还能够合理精准的划分职权，管理更具灵活性和适应性，能够根据各个事业部的特性来调整决策。但在创业企业的发展过程中，这种组织设计也存在着一定的弊端。尤其是在集权相对弱化的情况下，事业部的管理权限很可能会被肆意放大，一旦它的自主权变大，很容易出现"离心"问题。若集团没有作出相应的调整和及时性的政策协调，那么事业部极有可能会出现"邀功"或者"挟天子以令诸侯"等问题。可见，在创业企业的组织设计中，这类组织设计的成本是相对较高的，事业部和集团利益之间容易出现冲突和矛盾。

3. 矩阵型组织结构

在创业企业组织设计过程中，这类组织架构出现的目的在于优化和解决事业部架构设计中涌现出来的问题。可以说，这类型组织架构是前一种组织架构的优化和发展。在创业企业的经营与发展过程中，应用这种组织机构能够有效提升决策的科学性，特别是能够在决策制定过程中，充分考量各方面的利益诉求，优化决策质量和水平。这种相对灵活且扁平的组织设计，能够最大程度发挥各部门的潜力，同时也能够体现企业管理的控制力。在管理实践过程中，它能够避免以各部门自身利益为导向的思维模式，能够公开处理冲突，并且具有较强的适应能力。相比事业部组织架构设计中体现的自主权，这种组织结构在应用过程中也具有自身的劣势。如在实际管理过程中，它不利于企业内部氛围的融洽与和谐，它容易造成企业内部各个部门的沟通障碍，甚至还可能会引发部门之间的内部矛盾与冲突。在市场竞争日益激烈的今天，这种类型的组织设计还可能影响企业对外部环境的整体适应能力。

(二) 创业企业组织设计中应该注意的问题

在创业企业的发展过程中，组织架构始终处于完善的过程中，科学的组织架构能够提升创业企业的内部凝聚力，科学的组织设计能够提升创业企业的整体发展水平。在创业企业组织设计过程中，为优化组织架构，规避单一组织设计的问题，优化创业企业的整体发展水平，创业企业应该注重以下方面的问题。

1. 组织设计不宜过分精细化

创业企业在发展初期，提升自身的发展实力，壮大自身的发展规模才是关键，若执拗于组织架构设计，那么势必会影响创业企业的发展水平，势必会制约创业企业的经营效益。当前，很多创业企业在发展过程中，往往持有"一步到位"的不良心态，自认为没有详细的组织架构设计，创业企业的发展会受到影响。在这种错误观念的引导下，创业企业开始追求组织设计精细化，尽可能逐层逐项落实权限和责任。但实践证明，对于急需壮大自身，急需站稳市场的创业企业而言，组织设计过于精细化，反而不利于创业企业大刀阔斧地变革，严重影响创业企业的运作效率和创业企业的协调发展。同时，组织设计过细，还容易增加创业企业的人力成本。创业企业在发展过程中，应该优化人才的价值，充分发掘人才的潜能。若依托于过于详细的组织设计，势必会出现"一个萝卜一个坑"的问题，这本身容易造成创业企业的机构臃肿，人员冗杂。因此，对于广大创业企业而言，在快速发展的过程中，应该优化组织设计，结合自身的发展需求，结合不同组织架构的优缺点，合理确定适宜的组织设计。同时，在组织设计过程中，还应该突出执行力，以执行力为基本立足点，科学选择合理合适的组织设计。

2. 组织设计不宜过分扁平化

在企业管理实践中，小团队管理是一种比较科学的管理方式，它能够切实提升企业管理的效率。但对于广大创业企业而言，这种小团队管理并不适用。在创业企业的管理实践中，若管理方式过分扁平化，会影响企业管理的层级性，尤其是影响管理的集中化程度。诚然，扁平化的组织设计的确能够提升管理实效，的确能够优化执行效率。但过分扁平化则容易造成管理层控制能力不足，一旦市场环境发生变化，一旦需要企业快速调整发展方向，过分扁平化的组织设计便显得有些拖沓。因此，在创业企业的管理过程中，应该结合企业当前的发展特点，和企业当前所面临的市场环境，科学统筹全面整合，提升管理效率，提高管理的针对性。

3. 组织设计要权责清晰

在创业企业的管理实践中，优化组织设计应该合理确定权责，做到权责清晰。在创业企业的管理实践中，很多企业在进行组织设计的过程中，并没有真正做到权责利统一科学，要么有权利没有进行同步责任追究，要么有责任却没有相应的权利辅助，要么就是权利与责任并不对等。之所以会出现这种问题，主要在于创业企业的发展基础薄弱，各项制度并不健全，甚至人才配置也不科学，若直接套用成熟的组织设计，反倒不利于创业企业的发展。因此，创业企业在进行组织设计的过程中，应该要做到权责清晰准确，应该要做到责任划分明确，同时还应该付之于完善的责任追究机制，综合性优化创业企业的管理效益。

第二节　创业企业人力资源管理的现实状况

与进入正常发展轨道的相对成熟的规模型企业相比，创业企业人力资源管理的特殊性可能主要源于企业规模不大，工作重心集中在财务、生产、技术及市场，管理非正式性以及创业者特质等方面。

一、创业企业人力资源管理现状

第一，组织结构简单。一般创业企业的组织结构层次都很简单，没有复杂的部门设置、岗位设置及工作流程，即使有部门设置或操作流程，也未必能严格按程序规范来运营，更多是靠彼此之间的默契来开展工作。因此，创业企业内部的决策和执行环节简单，对于市场变化能够作出快速反应。

第二，决策权高度集中。创业企业的决策权一般掌握在核心创业者手中，"个别人说了算"是该阶段的主要特征之一。这使得创业企业决策高效、执行力强，但是过分依赖于个人能力，风险较大，难以适应企业规模扩大、人员与部门增多之后的规范化管理要求。

第三，制度不健全。各项管理制度缺失是企业创业初期的显著特征，在人力资源管理方面，主要是与企业相适应的招聘甄选制度、绩效考核制度、薪酬福利制度、奖惩激励制度、员工关系管理等制度体系不够健全。在创业初期，企业由于业务发展的不确定性，没有必要制定完整的制度体系，但是建立所必需的人力资源管理制度非常有必要。

第四，因人设岗。在初创企业中，员工承担的责任和需要完成的任务可能重叠交叉，组织结构也可能会毫无规律，企业业务发展主要围绕个别团队，甚至个别人，而非围绕职能与岗位工作。这种"因人设岗"的现象在大多数企业的初创时期普遍存在，在某种程度上体现了"所有的人做所有的事"，其前提是团队成员必须觉悟高、自主能力强，但从长远来看，"因人设岗"不利于企业的长久发展。

第五，招人难、留人难。虽然在选人和用人机制上，创业企业有充分的用人自主权和管理的灵活性。但实际上由于创业企业在资金吸纳、品牌塑造、工作环境、综合实力、组织文化等方面与同行业的成熟企业相差较大，创业企业对所需要的优秀人才难以产生强烈的吸引，加上企业管理机制不完善、可用资源不足等，不能及时为优秀员工提供可靠的物质与精神回报，吸引和挽留人才的措施单一且常常建立在企业愿景与个人信念的基础上，因此员工难进又难留。

二、创业企业人力资源管理的机遇与挑战

（一）创业企业人力资源管理的机遇

第一，教育水平提高为创业企业提供了高素质的人才储备。随着我国劳动者教育水平的大幅提高，新生代的劳动者受过国内高等教育或者具有海（境）外留学经历的比例大幅度增长，这为创业企业人才选用提供了资源储备。从统计数据来看，越来越多的大学毕业生在工作的前几年，或选择为初创企业工作，或创建自己的公司。

第二，重视科技和人才有助于创业企业的人力资源管理。我国年轻的创业者普遍具有高学历、高情商的特征，他们的学习和奋斗经历使他们具有重视科技和人才的观念，因此，创业企业必然会重视人力资源及管理工作。基于决策者的重视，创业企业的人力资源管理工作可获得理解和支持。

第三，组织结构灵活化促进了创业企业人力资源管理的革新。科技创新带来了商业模式和管理与思维模式的变化，促进了人力资源管理的发展，创业企业的组织结构会围绕企业目标任务而动态调整，更趋向扁平化和不规则性，促进了创业企业在人力资源管理上的灵活性和创新性。

（二）创业企业人力资源管理的挑战

创业企业或企业在创业阶段，创业者将处于一种既相对缺乏外界关注，又缺少人才和技术的境况中，在企业人力资源管理方面可能面临以下挑战：

挑战一：相对初级的人力资源管理无法助力创业企业的市场竞争。一般来说，大型企业通常会采用网络招聘、计算机化的甄选测试或通过公司内网的员工基本信息注册登记等手段来提高企业在人力资源管理方面的资源利用效率，人力资源管理不仅能从职能角度，更可以从业务角度，以企业需求为导向，满足和支撑企业的阶段性任务与业务部门的需要。而不使用人力资源管理工具的创业企业，与市场竞争对手相比，可能会产生较差的经营结果。

挑战二：缺乏职业化的人力资源管理专家。大多数创业企业既没有人力资源职能部门，也没有专业性、职业化的人力资源管理人员，一般由公司高管兼任人力资源管理，或个别员工专职于所有人力资源事务，如员工招聘、处理劳动关系等。这就使得创业企业从

事人力资源管理工作不专业，甚至忽略某些特定领域的管理，以致公司利益受损。

挑战三：难以应对经营管理中潜在的诉讼。正是由于企业规模较小且缺乏人力资源管理专家，创业企业往往会忽视潜在的法律问题。一方面，企业可能会不遵守薪酬和福利方面的法律法规。任何国家和地区都会制定有关薪酬和福利方面的法律政策对雇佣行为进行约束，比如支付加班费、购买保险、保障劳动安全等。另一方面，由于企业不能提供充足的关于雇佣歧视、解雇或性骚扰、劳资关系等方面的法律政策培训，因而可能导致违法或其他方面的问题。

挑战四：重复性工作和文档工作导致低效率。创业企业可能无法顾及建立自己的人力资源管理信息系统，如登记员工信息（姓名、地址、婚姻状况、社会保险、补充待遇等），或者根本没有规范的记录，或者记录在不同的管理表格中，这些信息的变化可能需要以手工方式修改，不仅费时费力，而且容易出现错误。

三、创业企业人力资源管理实践

创业企业在人力资源管理制度设计和组织结构方面可以不追求完美，但对一些重要的人力资源管理实践应给予高度关注，比如：人力资源规划、人才选拔、人才激励、人才培育以及人才保留。

（一）创业企业的人力资源规划

第一，明确企业长远目标及近期存续问题。创业企业在初期会有远期目标，也会有短期目标。因此，人力资源规划的编制既要考虑创业企业的发展愿景，也要兼顾企业当前运营的主要任务。比如，根据企业的战略目标、市场定位及业务规模，初步确定企业所需要的人才数量、人才结构及人才类型等。创业企业的人力资源规划不必面面俱到，但至少要能解决企业当前面临的关键人才的需求，即解决当前阶段的存续和竞争问题。

第二，分类分步建立人力资源管理制度。创业企业在初期的人力资源管理制度不必大而全，制度制定的原则是简单、实用，如日常考勤、薪酬福利、劳动关系等一般性的制度可以借鉴市场上同类企业的相关制度；人才选拔、团队建设、关键人员激励等制度可以在实践中逐渐摸索建立，以符合企业实际。

第三，抓住人力资源规划的重点。人力资源规划在工作中的关键问题有：一是依据企业目标和任务，确定人力资源阶段性工作的重点和方向。二是依据企业业务情况，设置少量可灵活调整的内设机构以及工作部门（或核心团队），确定所需要的人才数量与能力结构（既要避免人才浪费，又要能缓解人才紧缺）。三是逐步建立员工培训、绩效考核、薪酬激励等制度，并制定合理的人才预算。

（二）创业企业的人才选拔

首先要明确选什么样的人。企业应根据人力资源规划、业务需要来确定所需要的人才技术、能力、素质等要求以及人员数量。即使在初创期有些部门划分并不是特别清晰，但企业仍要明确选人的标准、主要岗位及职责要求。企业在选人时还必须关注那些认同企业愿景及志趣相投的求职者。

其次，对照标准进行人才选拔。很多创业者喜欢凭个人的主观意识来选人，由于选人标准模糊，常常导致所选人才不适用、人岗不匹配等。公司应根据初步设立的招聘制度、选人标准（面试评价）、选人流程等来进行人才选拔。当然，设定的标准与流程不宜复杂。

最后，开辟多元化的招聘渠道。由于企业在创业初期竞争力不强，难以吸引优秀人才，创业者应明确各类人员的可能来源、招聘渠道以及招聘方法，除了发布招聘信息之外，对于特殊人才，必须通过猎头指引、业内搜索、朋友介绍等各种方式主动追寻。

（三）创业企业的人才激励

第一，将合适的人放到合适的岗位。创业企业既要想方设法快速找到自己需要的人才，更要将内部现有的人才用好，即选择合适的人并放到合适的岗位上。也许某些员工的知识和技术不是很全面，但是在某些方面有所特长，企业应将其安排到能够发挥其特长的岗位或者从事有利于其特长发挥的工作中；对于那些很优秀的员工，则一定要为他找到现有合适的位置并且提供未来发展的职业通道。

第二，适当的绩效管理。在人才合理配置的基础上，企业必须通过目标愿景的引导以及阶段性的绩效考核监督来引导员工不断努力前行。创业期的企业绩效管理制度不宜复杂，应结合企业目标任务需要，给员工设置一些基本的规则，运用绩效指标、目标管理等方法开展绩效考核。

第三，灵活的薪酬福利计划。有竞争力的薪酬、个性化的福利均有助于激励员工。创业企业虽然没有成熟公司那样财大气粗，但可以为关键性人物提供优厚的薪资报酬，为普通员工提供发展空间及生活福利，如：清楚员工的优缺点，让员工通过学习和培训来提升自我，确保员工拥有完成工作所需要的资源，给予员工额外的假期，压缩工作周期，给予额外补贴等。

（四）创业企业的人才培育

第一，一般员工的技能培训。创业企业培训员工的基础是解决实际问题，所以对一般员工的业务培训主要侧重于工作技能的锻炼和提升。比如，销售人员的销售技巧、财务人员的税务筹划能力、公关人员的沟通协调能力等；在培训方式上侧重于实践指导、行动学习等。

第二，创新团队或业务骨干的能力开发。创业企业的竞争力体现在核心团队与业务骨干的创新能力与实干精神方面，不论是核心团队成员，还是业务骨干，这些人才都可能是未来的管理者或合伙人。他们需要的培训开发是对企业战略的理解和支持、概念与沟通技能的再提升、对核心技术领域的跟进与赶超等。

第三，培训方法的灵活运用。通常情况下，小企业并不需要昂贵的正式培训计划，可以通过做事情来实现与工作有关的改善。比如：寻找各种在线培训的机会；为员工提供电子阅览工具，以便上下班或出差途中进行系统性和条理性的学习；鼓励员工之间分享工作中的实践经验；选派员工参加专门的研讨会和行业协会会议，以建立信息交流通道和人际网络等。

（五）创业企业的人才保留

第一，设计多元组合式的激励机制。激励机制主要涉及绩效考核制度，企业要从薪酬、福利、职位晋升等方面予以激励设计；要为员工创造一个良好的工作环境；要让员工得到相应的回报，看到个人短期内可实现的发展前景；针对优秀员工，企业甚至可以考虑"合伙人计划"或股权激励等。由于创业企业的员工人数不多，关注员工的身心健康更易于实现。

第二，内部管理的公平公正。相当一部分创业企业源于家族式企业，不公正地对待家族成员与非家族成员的做法必然会让员工有不公平感及降低员工士气，为此，企业应采取措施减少"非公正性"问题的产生。比如：确定基本原则，使员工对其权利及义务有清晰的了解；正视家族事务，不将家族中的紧张与不和带到工作中；消除家族成员在福利、晋升等方面的特权等。

第三，注意企业文化氛围的营造。创业企业可能暂时无法形成系统全面的企业文化，但创业团队要有共同认可的核心价值观与管理理念，并以此作为企业文化的基本原则与行动纲领。需要注意的是，企业文化要务实，且需要创业者亲自推动。

第三节　创业企业对人力资源管理的需求

创业企业及其人力资源管理的特点表明，创业企业的人力资源管理面临着与大中型企业不同的环境与任务。政府要帮助创业企业提高其人力资源管理水平，需要首先了解创业企业对人力资源管理有何种需求，然后"对症下药"，才能最大限度地发挥政府扶持政策的效果和效益。

一、管理咨询需求

创业者本人能否尽快成长为合格的企业家，是关乎企业生存下去并快速发展的重要影响因素。如前所述，创业者本人及创始团队正是创业企业最核心的人力资源。创业者在经营和管理企业时难免遇到各种各样的问题，由于经验欠缺等因素，容易在处理问题方面不成熟，使得企业陷入困境。

二、通才型人才需求

创业企业需要高素质的通才型人才。创业企业人员数量少，不过对人才的质量却要求较高。比如，普遍的"一人多用""身兼数职"现象意味着创业企业需要通才型的高素质人才，高效合理地处理多方面的工作问题。同时，创业企业的工作压力往往偏大，特别是对于创业初期的骨干人员来说，加班可能是常见现象，工作和生活的规律性较差，较难实现二者的平衡。因而，创业企业特别需要有奉献精神、认同创业理念和企业价值观的人才。与此同时，创业企业在吸引人才方面却有天然的"困难"：企业知名度不足、薪酬较难和大型企业竞争、难以花费大量的时间和资源去招聘人员等。这些因素都增加了创业企业招聘优秀人才的难度。

三、提高人力资源管理专业性的需求

创业企业需要以尽可能低的成本提高人力资源管理的专业性和规范性。鉴于企业的现实特点和人员配备情况，创业企业的人力资源任务往往是比较基础性的，并不需要在某个或多个人力资源管理模块领域进行深入的研究，因而创业企业较为迫切的需求，是以尽可能最低的成本实现规范化管理。也就是说，对创业企业有直接价值的是在创业企业面临人力资源管理问题时，帮助其清楚地知道自己应该如何应对。例如如何对人才进行测评以甄选到符合本企业要求的员工，如何对关键职位进行职位分析并编写职位说明书，在招聘和解雇员工时如何有效避免违反劳动合同法等。创业企业需要具体的、指导性的"人力资源管理手册"式工具，帮助即使是非专业的人力资源管理者在并不了解为什么这么做的情况下，也能够参照和学习较为规范和标准的人力资源管理实践。

第四节　创业企业人力资源管理的完善策略

创业企业需要充分利用自身的优势，比如，企业因为规模小的特点，对每一位员工的优势、需求、个人特质、家庭状况等都很熟悉，在人力资源管理政策与实践上更灵活。

下面从构建灵敏便捷、手自一体的人力资源信息系统，实施人力资源外包两个方面来讨论企业如何适应创业企业的实际需求，提升人力资源管理的效率与效益。

一、构建人力资源信息系统

即使在只有几个员工的创业公司，人力资源管理过程也需要大量的文档处理工作。比如：招聘员工需要撰写招聘广告、设计应聘申请表、审查面试名单和面试评价表、签订雇佣合同、签订保密或竞业协议。当新员工到岗后，企业需要制作背景调查表、新员工登记表、任职注意事项清单等。然而，这只是开始，人力资源管理工作需要制作人事信息数据表、工作日志表、绩效评价表、员工离职记录表、缺勤记录表等。

以上列举的清单只是企业人力资源管理事务涉及政策、程序和文档工作中的一小部分。当企业只有少数几个员工时，管理者或许可以用脑子记住一切，或者为每一项人力资源活动写一份单独的备忘录，然后放入每位员工的档案里。但是，如果公司的员工不再是几个人，那就需要创建包括各种标准化表格的人力资源管理系统了。随着公司规模的扩张，电子化的人力资源管理系统显然比手工人力资源管理系统更为便捷。下面将介绍手工人力资源管理系统、基于信息技术的 e-HRM（电子化人力资源管理）及人力资源信息系统。

（一）手工人力资源管理系统

规模很小（员工 10 人以下）的创业企业人力资源工作往往先从手工人力资源管理系统开始。企业通常要创建一套标准化的人事表格，这套表格要涵盖人力资源管理的各方面内容，如招聘、甄选、培训、绩效评价、薪酬管理、劳动安全等。

人力资源管理所需要的表格数量非常多，如果创业企业想要获得手工人力资源管理系统中所包括的基本表格，一种便捷的方法就是从同类企业的表格汇编书籍入手，根据实际情况，对已有的表格进行适应性修改。

创业企业可以利用表格为每一位员工建立一整套文档资料，并在文档的封面标出员工的基本信息，如姓名、部门、岗位、入职时间等（表6-1）。

表6-1　一些重要的人力资源管理表格

新员工适用表格	新员工适用表格	员工离职表格
求职申请表	员工身份变更申请表	退休人员手续清单
新员工入职清单	员工信息记录表	解雇手续清单
雇用面试表	绩效评价表	《综合平衡预算法》
推荐材料核查表	警告通知	承诺书
推荐材料电话反馈报告	休假申请表	失业申明
员工手工签署确认书	试用通知表	
雇用合同	职位描述	
员工免责声明表	直接存款确认书、缺勤报告表、惩戒通知书、员工保密协议、员工申诉表、费用报告表、工伤报告	

（二）基于信息技术的 e-HRM

随着小微企业的发展，仅仅依靠手工人力资源管理系统将会使企业人力资源工作变得越来越低效、缺乏竞争力。对于一家拥有40名以上员工的企业来说，在管理出勤记录表和绩效评价表等方面所需要花费的时间可能会倍增。因此，许多创业企业将人力资源管理工作实施计算机化处理。

很多公司开发了针对各种单项业务的人事管理软件，业务范围包括招聘、培训、绩效、薪酬、劳动关系、工伤管理等。下面介绍几个常用的人力资源管理模块软件：

1. 企业人事系统

企业人事系统帮助创业公司的人力资源管理者进行员工基本信息的采集、录入，根据员工个人能力和需求制定培训方案、规范员工的离职管理等。这套系统（表6-2）能够简化人力资源管理部门的常规数据录入工作，提升人力资源管理工作效率。

表 6-2　企业人事管理系统模块

系统设置	对员工编号、部门编号和职位代码等的设计
员工基本信息	姓名、性别、年龄、民族、籍贯、学历、专业、职位、工作经验、工作能力、个性品质及家庭和社会关系等
培训管理	培训前调查、确定培训项目、制定培训计划、实施培训方案和评估培训效果的评价
离职管理	提交辞职报告、有关部门审批、办理交接、办理辞职手续和结算工资，离职员工个人档案信息转入企业人才库

2．工资核算系统

工资核算系统帮助创业公司的人力资源管理者编制员工的工资发放单。通过考勤记录、绩效考核结果等数据生成员工的工资发放清单，并生成转账凭证，见表6-3。该系统帮助企业减少了人力资源部门大量手工的统计、核算、发放工资等工作，并有助于形成公开、公正的薪酬系统。

表 6-3　工资核算系统模块

系统设置	对工资核算系统中工资款项、使用单位名称、开始使用年月、人员和部门等的设置
数据输入	修改处理工资款项定义、修改款项输入、考勤记录输入、工作单计算
费用汇总	部门汇总费用、按费用科目汇总费用和工资数据分析比较
工资账单	工资结算单、工资结算汇总表和工资分析汇总表
转账功能	根据工资分配汇总表生成的转账凭证，并转入财务处理系统和成本核算子系统

3．绩效评估系统

绩效评估系统可以帮助创业公司开展部门、团队及员工个人绩效计划的制定，绩效信息的收集整理，绩效考评结果的统计以及绩效反馈的记载等绩效考核管理工作，见表6-4。该系统不仅涉及员工个人，也可为团队和部门的绩效信息管理提供帮助，从而有助于在创业企业内部形成程序规范、公平公正的绩效文化。

表 6-4　绩效评估系统模块

系统设置	初始化设置，员工代码、部门代码和职务代码的设置，并提供评估实施的查询功能
变动数据处理	考核方案定义、考勤数据录入和工作数据录入
评估实施	日常考核方案的定义、阶段考核、项目工作考核和特殊情况考核
评估分析	等级评价汇总表、部门绩效汇总表、综合评价汇总表和评价活动的评价
评价结果的输出	单独部门、个人的情况输出，打印图表输出，资料共享设置

随着企业的进一步发展，创业企业可能会需要一种综合性的人力资源管理系统。

（三）人力资源信息系统

随着企业对人力资源系统化管理的需求及信息技术的发展，整体化的人力资源信息系统（HRIS）应运而生。加里·德斯勒将人力资源管理信息系统定义为通过收集、处理、储存和传播信息，支持组织各种人力资源管理活动的决策、协调、控制、分析及可视化的彼此相互关联的构成要素。

通过建立人力资源信息系统，企业可以提高人力资源管理各种事务的处理效率。员工可以通过人力资源管理内网访问员工页面，人力资源管理者进行后台处理，许多复杂的管理工作变得简单化。

第一，在线自助信息处理。利用人力资源信息系统，员工可以选择自己感兴趣的福利项目、培训课程，系统也会自动回答福利项目会对薪酬产生的影响，培训课程会对员工的职业生涯规划产生的影响等。系统还会帮助员工了解各种保险、福利等政策及覆盖范围，如何选择自主福利项目，如何作退休规划等。在线自助信息处理既方便了人力资源管理者的工作，又保证了员工的知情权和选择权。

第二，提高报告能力。由于人力资源管理信息系统整合了大量的单项人力资源管理任务（如培训记录、绩效评价及反馈、员工个人资料记录等），因此，使用人力资源信息系统可以扩大人力资源信息集成与报告的范围，提高相关工作的效率。

第三，人力资源系统的整合。人力资源信息系统是将单个的人力资源管理软件进行整合，将各项人力资源管理工作相互关联，企业可以对人力资源管理工作进行业务整合与流程再造。据悉，甲骨文公司的人力资源管理信息系统会将员工的晋升、加薪、岗位调动等文件自动传送给相关管理人员审批，当前面的管理者签署之后，文件自动传送给下一个审签者，如果某一个人忘记签署文件，智能系统会发出提醒，直到整个流程完成为止。

二、实施人力资源外包

创业企业由于规模不大，大多没有人力资源部门甚至职能管理人员，缺乏高效而专业的管理和服务能力，不能满足企业与员工的需求。因而，企业将部分人力资源任务外包给外部供应商或人力资源外包服务商的行为不失为明智之举。

（一）人力资源外包的内涵与作用

人力资源外包是指在企业内部资源有限的情况下，为获取更大的竞争优势，仅保留核心业务，而将其他业务委托给更具成本优势和专业知识的企业。也就是说，企业将原来由人事行政部门处理的基础性、重复性、非核心的人力资源管理业务交由外部专业的人力资源外包公司去处理，企业则专心处理战略性的人力资源工作，从而达到降低成本、提升核心竞争力的目的。

人力资源外包的作用体现在以下方面：

一是为那些没有人力资源部门的企业提供专业化的人力资源管理支持，或者帮助人力资源部门从繁重的事务性工作中解脱出来，专注于企业的核心业务，从而提升人力资源管理的竞争力。

二是通过专业化和标准化的工作，企业内部的人力资源管理工作将更加规范和科学，并提高管理效率。

三是利用人力资源外包公司的专业经验和优势资源，企业能创建一套既符合市场规律、又服务于创业企业内部管理实际的选人用人制度及管理措施，准确把握企业和员工的相关需求，从而提高员工的满意度。

四是企业将后勤服务、文档管理、社保缴纳等行政人事管理业务外包出去，可以减少管理者在处理文档、社保等人事管理相关工作中所耗费的管理成本，提高企业的管理效益。

五是人力资源外包公司在人员招聘、甄选、培训、支付薪酬、办理社保、维护劳动关系等方面具有一定的专业性和合法性，为人才派遣或租赁服务提供了相应支撑。

（二）人力资源外包的内容

人力资源活动所涉及的工作包含人力资源及其载体——人，也包含围绕人力资源载体所产生的各种事务——人事，还包含针对人力资源开展的各种管理活动——人力资源管理职能。人力资源外包通常分为两大部分：人力资源的外包、人力资源管理职能的外包。

1. 人力资源的外包

人力资源外包又称"人才派遣"或"人才租赁"。通过将公司的员工转移到外包公司名下，派遣人员的劳动关系与工作关系分别在两家公司，外包公司负责办理名下员工的有关管理，如招募、雇佣、薪酬支付、社保、纳税等事务，而客户公司则负责派遣员工的工作安排、岗位培训、晋职晋级等管理。此类外包重点服务于规模较小的公司，收费标准大约为派遣至公司人员薪酬总额的 2%~4%。

2. 人力资源管理职能的外包

人力资源管理职能的外包属于人力资源服务产品，企业根据需要将某一项或几项人力资源管理工作任务或管理职能外包给专业的人力资源服务机构。人力资源外包公司通常提供的是"模块化行政管理服务"，如：薪酬管理、福利设计、培训方案、社保代缴、个税代缴、满意度调查等。这类外包服务相当于履行客户公司"人力资源部门"的部分职责。

事实上，不是人力资源管理的所有职能都适合外包。不同规模企业的选择会不一样，有些工作对于公司非常重要或涉及商业机密，不能选择外包。

(三) 人力资源外包的实施

第一步，对创业企业人力资源外包进行可行性分析。首先要预测和判断创业企业的核心竞争能力是什么、人力资源管理领域是否需要实施外包、需要哪种类型的外包、外包的利弊有哪些、是否有合适的外部供应商等。

第二步，细化人力资源外包项目及内容。企业要将外包的形式和内容进行仔细筛选、比对，确定适合采取什么类别、哪些内容的外包。如果是人才派遣，则哪些员工可以采取派遣方式；如果是人力资源管理职能外包，则哪些管理模块适合外包，采取怎样程度的外包。

第三步，编制人力资源外包业务策划书。人力资源外包策划书主要包括：人力资源外包的目标和任务，外包的主要形式、时间及范围，外包服务供应商的选择标准，外包的具体项目及经费预算，外包任务的责任人及沟通机制等。

第四步，企业内部进行充分沟通。首先，企业必须与人力资源外包业务直接相关的部门及员工进行沟通，传递管理意图及相关信息，争取相关人员的理解和支持；其次，企业要将外包决策和实施要点传递到企业的各个层面，通过解释和指导，推动外包工作的顺利进行。

第五步，选择合适的外包服务供应商。人力资源外包服务供应商的服务能力差异很大，有的供应商只能做档案管理、社保代办等工作，而有的则可以做企业的大部分人力资源管理工作。这就要求企业针对外包内容，选择符合企业需求、专业可靠、成本适中的外包服务合作伙伴。之后，双方建立契约关系。

第六步，外包实施前的准备工作。外包前的准备工作包括：创业企业针对外包形式和具体内容，向外包服务供应商提供企业人力资源外包的目标、任务、工作需求以及相关材料，配合外包供应商进行资料收集和企业内部相关调研，建立资料系统。

第七步，与外包服务供应商保持良好的关系。创业企业应致力于和外包服务商建立长期的合作共赢关系，以让外包服务供应商了解企业的目标任务和实际需求，从而为企业提供更精准和优质的服务。

第八步，监控和评价外包供应商的履约情况。虽然外包可以减轻企业人力资源管理任务，但并不意味着企业可以忽视对外包服务供应商的考核监管。企业要建立对外包服务商的定期考评机制，对外包服务质量进行评审定级并沟通反馈，对于评价结果不好的供应商要限期整改或变更合约。

（四）创业企业人力资源外包的关注点

近些年，各类企业对人力资源外包业务更加关注，愿意开展外包业务的企业也越来越多。创业企业在开展人力资源外包的过程中应该注意以下内容：

第一，功能选择性外包。人力资源工作包括人力资源规划、人才招聘、人才培训、绩效管理等关系到企业的核心竞争力，一般不轻易外包。

第二，选择合适的外包服务机构。人力资源外包服务机构的服务水平直接决定了企业的管理质量，对于创业企业而言尤为重要。因此，企业必须重视外包服务机构的服务质量、信誉、资质等，当然，还要考虑服务价格和管理成本。以前大中型企业多选择国外的服务机构，但出于文化沟通和管理本土化等原因，现在中小企业更乐于选择国内的外包服务公司。

第三，重视外包过程的沟通。在人力资源外包过程中，沟通极为重要。如：选择哪些功能进行外包，了解并选择外包服务机构进行沟通；高层要与企业相关部门、团队及员工进行充分沟通，以获得内部人员的支持；企业在对外包公司服务进行适时监测和定期评估的过程中也离不开沟通。

第四，外包后的人力资源管理。创业企业实施人力资源外包后，企业各业务单元中所有与人力资源管理有关的基础性工作和行政事务性工作基本上都外包出去。企业管理者此时可以将更多的精力投入企业技术研发、市场拓展、运营维护以及战略性人力资源管理，从而使人力资源管理能够直接围绕企业的战略目标和关键任务开展，并渗透到业务部门和创业团队之中。从某种角度上说，各业务经理和团队负责人已承接了所属员工的培训、考评、员工关系等人力资源管理职责。由此看来，创业企业在短期内大可不必设置人力资源部门并配备专职人力资源管理人员。

参考文献

［1］安红燕.浅谈企业文化对人力资源管理的促进作用［J］.财经界，2022（12）：140-142.

［2］曹喜平.企业人力资源管理研究［M］.西安：西安交通大学出版社，2017.

［3］柴茂昌，曾志敏.完善创业企业人力资源管理政策［J］.开放导报，2016（06）：57-60.

［4］陈文婷.创业型企业的人力资源管理研究［J］.商场现代化，2021（03）：57-59.

［5］崔婕.当人力资源管理遇到胜任力模型［J］.人力资源，2022（15）：72-73.

［6］代二利.基于企业战略的人力资源规划探析［J］.活力，2022（07）：148-150.

［7］付祥伟.人力资源培训开发管理中存在的问题与对策分析［J］.企业改革与管理，2022（14）：108-110.

［8］公彦国.组织行为学在人力资源管理中的应用探析［J］.商讯，2021（10）：183-184.

［9］郭君.企业人力资源培训创新及开发策略分析［J］.商场现代化，2022（23）：102-104.

［10］贺小刚，刘丽君.人力资源管理［M］.上海：上海财经大学出版社，2015.

［11］黄文玲.企业人力资源管理中的激励机制问题探究［J］.现代商贸工业，2023，44（04）：122-124.

［12］蒋沛沛.企业人力资源管理中胜任力模型的应用分析［J］.中小企业管理与科技（上旬刊），2018（11）：48-49.

［13］李博.企业知识管理内容框架研究［J］.企业改革与管理，2021（14）：8-9.

［14］李强.小议企业招聘流程的优化策略［J］.经贸实践，2017（11）：198.

［15］李虾云.企业人力资源培训与开发管理策略探究［J］.上海商业，2022（10）：210-212.

［16］李妍. 创业企业的组织设计和人力资源管理［J］. 中国商论, 2018（34）: 88-89.

［17］刘敏, 杨东辉. 企业人力资源开发与管理［M］. 大连: 大连理工大学出版社, 2018.

［18］刘艳. 浅谈企业人力资源管理现状与应对办法［J］. 商场现代化, 2022（23）: 111-113.

［19］罗朝聪. 企业人力资源开发与管理初探［J］. 冶金管理, 2022（24）: 45-48+53.

［20］罗冬妍, 方展奋. 企业文化在中小企业人力资源管理中的创新应用［J］. 市场周刊, 2023, 36（02）: 184-186+190.

［21］吕菊芳. 人力资源管理［M］. 武汉: 武汉大学出版社, 2018.

［22］吕实. 企业人力资源管理与开发［M］. 北京交通大学出版社, 2011.

［23］钱颖. 创业导向、战略性人力资源管理与企业绩效关系研究［J］. 现代商业, 2022（32）: 63-66.

［24］人力资源和社会保障部教育培训中心组织. 企业人力资源开发与管理［M］. 北京: 中国劳动社会保障出版社, 2014.

［25］邵威娜. 简析激励机制在企业人力资源管理中的运用［J］. 商业观察, 2022（19）: 82-84+92.

［26］史同建. 企业文化对人力资源管理的促进作用及其对策［J］. 中国市场, 2017（21）: 139-140.

［27］田斌. 人力资源管理［M］. 成都: 西南交通大学出版社, 2019.

［28］田福章. 创业型企业的人力资源管理研究［J］. 黑龙江人力资源和社会保障, 2021（20）: 66-68.

［29］王景圣. 新经济时代企业人力资源管理的优化路径探讨［J］. 企业改革与管理, 2022（24）: 109-111.

［30］王琪延, 王宝林. 企业人力资源管理［M］. 北京: 中国市场出版社, 2010.

［31］王翔影. 人力资源开发管理机制探析［J］. 中小企业管理与科技（下旬刊）, 2021（05）: 1-2.

［32］魏迎霞, 李华. 人力资源管理［M］. 开封: 河南大学出版社, 2017.

［33］伍双双. 企业人力资源开发与管理实务［M］. 北京: 清华大学出版社; 北京交通大学出版社, 2010.

［34］奚昕, 谢方. 人力资源管理（第 2 版）［M］. 合肥: 安徽大学出版社, 2018.

［35］肖玉环. 企业人员激励体系研究 ［J］. 企业技术开发，2014，33（29）：40-41.

［36］许旭，王毅，马千越. 领导力模型在企业人力资源管理中的应用 ［J］. 老字号品牌营销，2021（08）：99-100.

［37］严雯. 胜任力模型在企业人力资源管理中的应用 ［J］. 化工管理，2022（12）：9-12.

［38］尹逊红. 企业文化建设与人力资源管理研究 ［J］. 农场经济管理，2023（01）：56-58.

［39］张晓青. 人力资源培训体系及管理要点分析 ［J］. 办公室业务，2021（09）：138-139+192.

［40］朱姝. 知识经济时代企业的管理创新策略研究 ［J］. 商展经济，2022（24）：149-152.